Teil 2

Hochseefestung Helgoland

1934 – 1947

Eine militärgeschichtliche Entdeckungsreise

Claude Fröhle – Hans-Jürgen Kühn

Titelbild oben: 30,5 cm Geschütz der Batterie von Schröder

Titelbild unten: Zerstörtes 10,5 cm Fla-Geschütz unter Drehhaube der Nordspitze

Für unsere Kinder

Cathérine, Caroline, Fabienne und Pierre,

damit sie nie einen Krieg erleben mögen

1. Auflage 1999
2. erweiterte und korrigierte Auflage 2001
3. korrigierte Auflage 2013

Druck: Grafica Veneta S.p.A. Trebaseleghe (PD) Italien
Layout und Satzerstellung: **cdm** a. lefebvre, Freiburg, info-cdm-a.lefebvre@t-online.de
Vertrieb: Fröhle - Kühn Verlagsgesellschaft d.b.R., Stockfeld 6, 79588 Efringen-Kirchen
TEL. 07628/2449 FAX 07628/8057863
http://www.froehle-kuehn-verlagsgesellschaft.de
ISBN 3-9805415-3-3

Inhalt

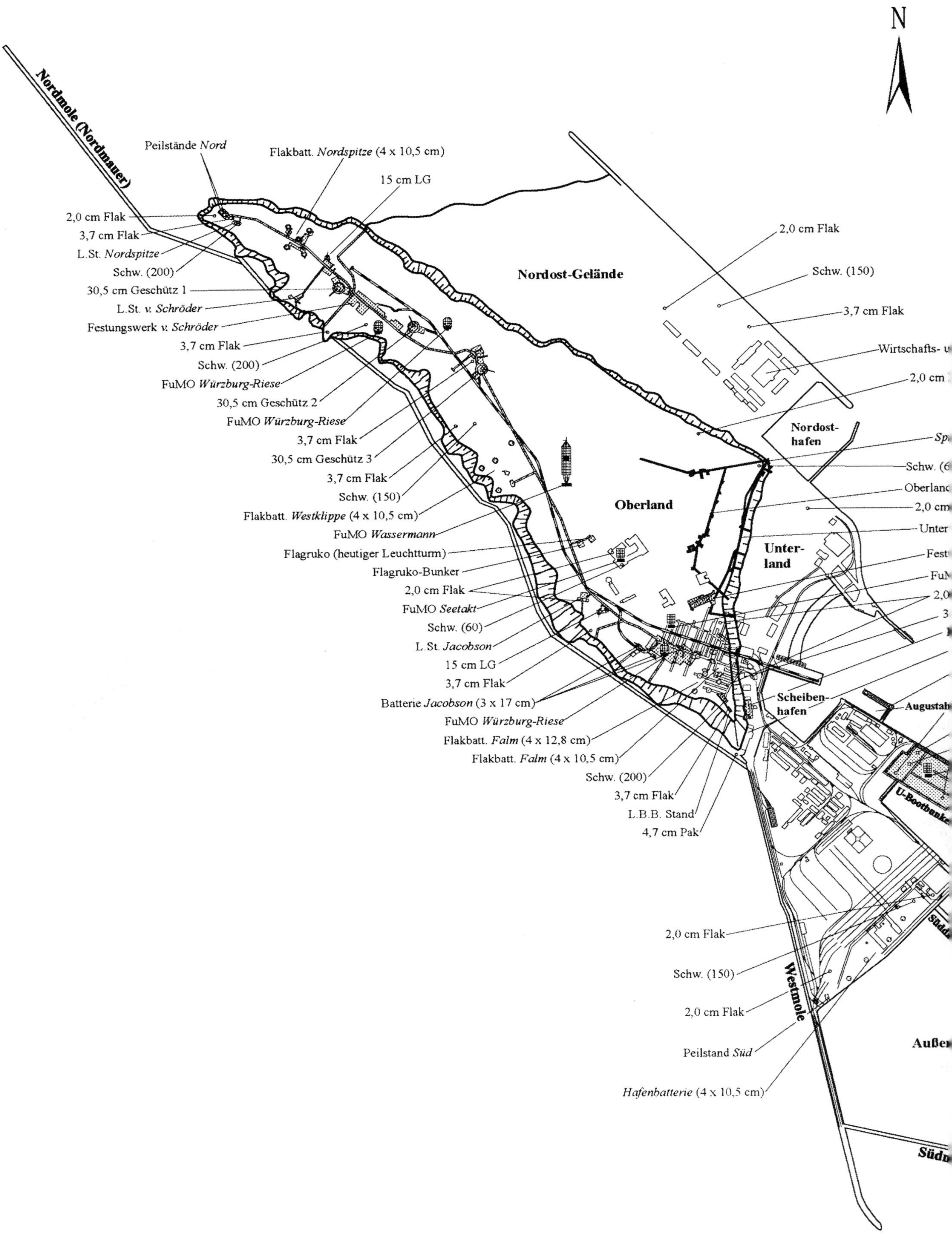

1. *Gesamtübersicht der Befestigungsanlagen Helgolands, einschließlich Hafen und Düne*

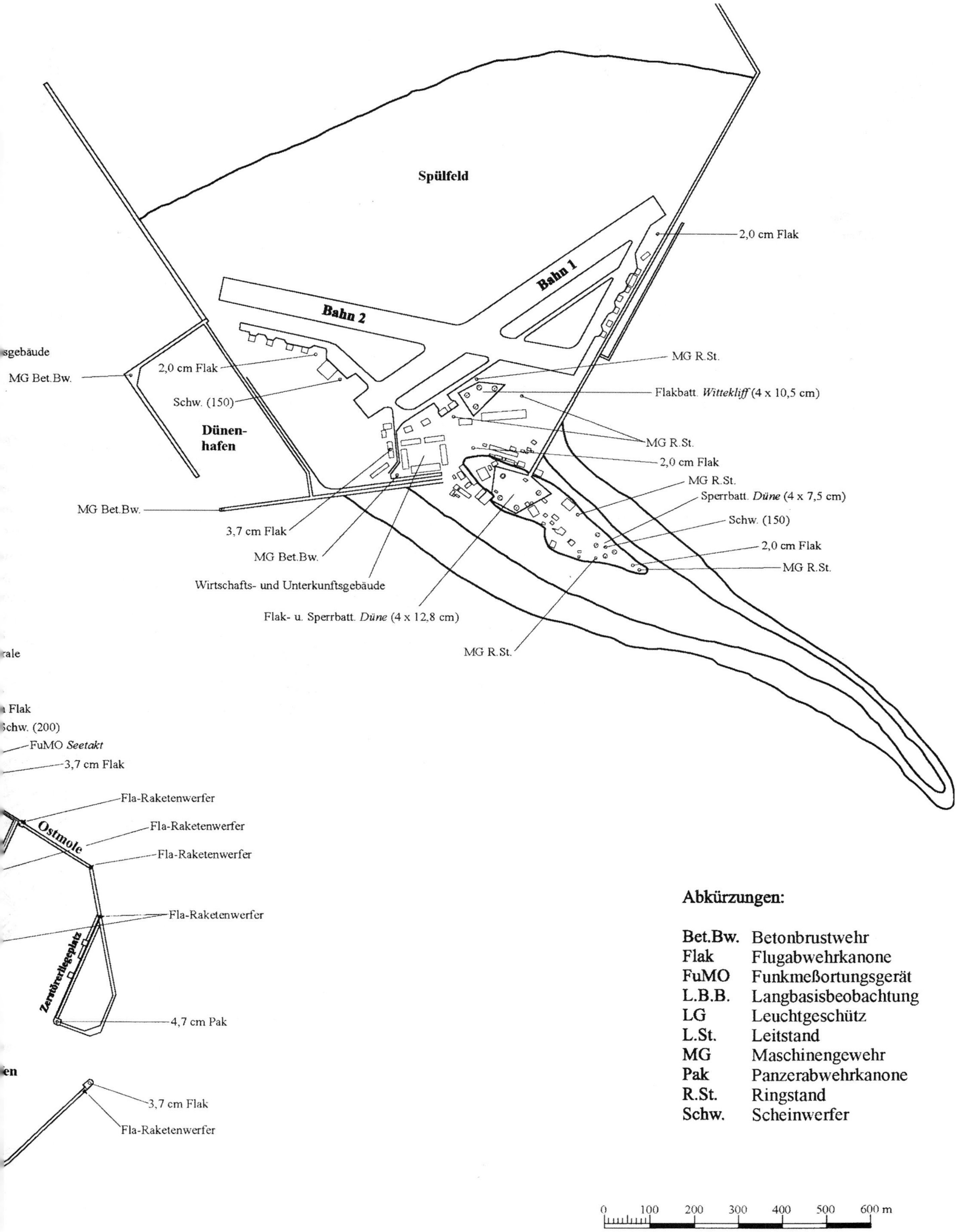

Abkürzungen:

Bet.Bw.	Betonbrustwehr
Flak	Flugabwehrkanone
FuMO	Funkmeßortungsgerät
L.B.B.	Langbasisbeobachtung
LG	Leuchtgeschütz
L.St.	Leitstand
MG	Maschinengewehr
Pak	Panzerabwehrkanone
R.St.	Ringstand
Schw.	Scheinwerfer

Zum Geleit

von General a.D. Wolfgang Altenburg

Große Festungswerke, Wälle oder Linien haben in der Kriegsgeschichte noch heute einen großen Namen. Den Zweck für den sie im allgemeinen mit einem riesigen Aufwand gebaut worden sind - Kriegsverhinderung und Landesverteidigung - haben sie fast nie erfüllt; nicht einmal den der nennenswerten Verzögerung einer gegnerischen Aggression. Maginotlinie, Metaxastellung, West- und Atlantikwall, auch der Ostwall haben mehr Sicherheit vorgetäuscht, als sie gegeben haben. In der neueren Kriegsführung und auch Verteidigung, muß - wie schon der erste Weltkrieg zeigte - beweglich geführt werden. Man ließ Befestigungen "links liegen" und machte sich oft nicht einmal die Mühe, sie mit schweren Waffen zu zerstören. Es ist unerheblich, ob ein einzelnes Festungswerk intakt bleibt oder nicht, es sei denn, seine Waffenwirkung kann nicht umgangen werden und behindert eine Operation in unakzeptabler Weise.

So interessant, für viele faszinierend, das Festungswerk Helgoland vom bau- und waffentechnischen Zustand her auch gewesen ist, und in den ersten Kriegsjahren auch operativ, war es von geringer Bedeutung. Das zeigt neben der bis Mitte 1944 drittklassigen Art der Waffenausstattung auch die Art der personellen Ausstattung der See- und Luftzielbekämpfungswaffen:

Genesene und behinderte Offiziere und Unteroffiziere mit wenigen Mannschaftsdienstgraden als Kader; Schüler der 6. und 7. Klassen von Gymnasien, ab 1944 auch Realschüler und Lehrlinge waren die Hauptbediener von Waffen und Gerät. Dazu hilfswillige russische Kriegsgefangene als Munitions"kanoniere" (in klaren Widerspruch zu internationalem Recht), wo Marinehelfer körperlich überfordert waren.

Bedeutung bekam "der Knust" ab 1943 als Beschaffer des Luftlagebildes in der Deutschen Bucht. Wichtig für die Vorwarnung und Maßnahmen gegen die grausame Belastung der Bevölkerung und die Behinderung der Kriegswirtschaftsbasis auf dem deutschen Reichsterritorium. Die Würzburg, Wassermann und Mamut (?) Radargeräte waren zu diesem Zeitpunkt letzter Stand der Technik, der erhöhte Inselsockel eine ideale Geräteposition.

Die Stationierung eines in der Erprobung und Ausbildung befindlichen Kleinkampfmittelverbandes hat die Bedeutung der Festung Helgoland vermutlich bei den Analytikern der Briten erhöht. Dieser Verband hätte wohl auch woanders stationiert sein können.

Er war eher eine Bedrohung des Lebens tapferer, idealistischer, aber mißbrauchter junger deutscher Marineoffiziere, als der Royal Navy.

Wir jungen Marinehelfer der Oberrealschule Schneidemühl waren mit zwei Schulklassen Anfang 1944 nach Helgoland gekommen und bildeten die "Kern"mannschaft der Batterien *FALM* und *NORDSPITZE*. Schulunterricht mit unseren Schneidemühler Lehrern vormittags, flakartilleristische Ausbildung nachmittags, bei Feindflügen tagsüber oder nachts Einsatz an Waffen und Gerät. Letzteres überwog an Zeit und Belastung, Schule und Ausbildung, schon nach kurzer Zeit, bei weitem.

Wir bewunderten die jungen Offiziere der Kleinst-U-Boote und Sprengboote, wir unterlagen auch der Faszination der Festung mit unseren 16 Jahren - anfangs auch des Waffeneinsatzes.

Nach einem Jahr wurden die verbleibenden Marinehelfer des Jahrgangs 1928 "Obermarinehelfer", der Jahrgang 27 (!) wurde zur Wehrmacht eingezogen. Wir waren mit 16 - 17 Jahren gewohnt, bei Bombenabwürfen in Deckung zu gehen und wußten, wo die besseren Armierungen der Oberflächenbunker oder des Hohlgangs waren, wir kannten die Zugänge zur Raumanlage und dem Tunnel und wußten spätestens am 18. April 1945, daß Überleben kein Spiel oder Abenteuer war.

Das Flächenausmaß der britischen Bomberverbände war um ein mehrfaches größer als die ganze Insel. Sie mußten sich anreihen, um nacheinander ihre Bombenlast abzuwerfen - nach einigen Stunden gab es keinen Quadratmeter auf der Insel, der kein Krater war.

Wir waren noch 16 Jahre, als wir aus der Falm-Batterie auf dem Oberland über den Schacht der Jacobson-Batterie an Winkeleisen fast 40 Meter in das Unterland krochen und viel später durch einen Ausgang der Raumanlage in der Nähe des Tunnels zwischen brennenden Häusern im Unterland wieder im Freien waren. Dann die erste Befehlsausgabe durch den Batteriechef in einem Bombentrichter: Suche nach den Überresten von (Schul-)kameraden in den Geschützbettungen der Falm-Batterie. Über das Erleben kann man nicht schreiben. Danach in der Nacht vom 18. auf den 19. April Hilfe bei der Evakuierung von Müttern mit Kindern aus dem

Fuchsbau und der Spirale durch das zerstörte und brennende Unterland in den Hafen auf die "Düsseldorf" und "Kehrwieder". Die Angst am 19.4., bei der Fortsetzung der Angriffe, besonders im Bereich Südspitze und U-Boot-Bunker.

Der Leser dieser Ausarbeitung findet alle genannten Orte in den Darstellungen wieder. Es ist gut daß die Herren Fröhle und Kühn dieses sachliche und damit nüchternes Ergebnis ihrer "Entdeckungsreise" mitteilen. Sie haben sich nicht auf Baupläne, Stahl und Beton beschränkt, denn darin lebten Menschen und wollten überleben.
An die, die nicht überlebt haben, denke ich jetzt.

Als ich 1956 als Rekrut in die Bundeswehr eintrat, tat ich es "trotz" des Erlebens der Festung Helgoland bis zu ihrem Ende. In erster Linie "wegen" des Erleben des Grauens eines "konventionellen" Krieges. Wie konnte man das verhindern ?
1986 wählten mich die Generalstabschefs der 14 NATO-Staaten zum Vorsitzenden des NATO-Militärausschusses in Brüssel, nachdem ich dreieinhalb Jahre der Generalinspekteur der Deutschen Bundeswehr gewesen bin. Aus dieser Position ging ich mit der Wende 1989 in den Ruhestand. Ich war glücklich und stolz dazu beigetragen zu haben, daß durch unsere defensive Politik und Strategie unserem Land nach dem 2. Weltkrieg der längste friedliche Zeitraum seiner Geschichte gewährleistet wurde. Möge das so bleiben. Über das "Wie ?" muß man auch nachdenken, wenn man über militärische Festungen liest.

General a.D. Wolfgang Altenburg war von Januar 1944 bis 12. Mai 1945 als Schneidemühler Oberschüler Marinehelfer in der FalmBttr/242.MFlaA auf Helgoland.

Einleitung

Im ersten Buch haben wir die militärische Entwicklung der Insel seit ihrer Übergabe Englands an das Deutsche Reich bis zum Ende des Ersten Weltkrieges beschrieben, ebenso wie die Zerstörung der Befestigungen und der Hafenanlagen nach Kriegsende. Die Befürchtungen mancher Helgoländer, daß diese Zerstörungen nicht ausreichten und den Keim für eine neue Rearmierung der Insel tragen würden, bestanden, wie wir nachweisen werden, zu Recht.

Die Folgen daraus und der Zweite Weltkrieg, mit den bekannten Zerstörungen, sollten die Bevölkerung und die Insel noch härter treffen.

Auch dieses zweite Buch soll und will nicht an die unzähligen Bücher, die sich mit der Geschichte Helgolands beschäftigen, anknüpfen.

Unser Bestreben ist, durch die Beschreibung des Baues und der Befestigungen, d.h. der militärischen Anlagen, die bisher nicht oder nur zum Teil bekannt sind, ein Bild davon zu geben, wie das befestigte Helgoland ausgesehen hat und warum deshalb die Insel zerstört wurde und beinahe verschwunden wäre.

Unter den Folgen dieser militärischen Entwicklung, seit der Übernahme durch das Deutsche Reich, leidet die Insel noch heute.

Auch in diesem Buch stützen wir uns auf lang gesuchte und von uns erstmals aufgefundene und auch bisher einmalige unveröffentlichte Unterlagen aus deutschen und ausländischen Militärarchiven. Leider ist für uns sehr wenig aus deutschen Originalquellen erhalten geblieben. Die Autoren hegen den begründeten Verdacht, daß, aus welchen Gründen auch immer, in englischen Archiven noch Material schlummert, das nicht der Öffentlichkeit zugänglich gemacht wird.

So sind dort keine Fotoaufnahmen und Pläne der Festungsanlagen und der Innenräume der Festungswerke vor und nach den Sprengungen auffindbar, wenn man von wenigen Erinnerungsfotos einiger ehemaliger Soldaten absieht. Logischerweise braucht man Fotoaufnahmen und Pläne um diese Anlagen zu sprengen, wie geschehen, aber wo sind sie geblieben ?

Erst langsam scheint sich herauszukristallisieren, daß auch auf englischer Seite ein gewisses Tabu zu diesen Thema zu existieren scheint.

Die Bombardierung der Insel 1945 war zu diesem Zeitpunkt stragegisch und taktisch völlig nutzlos, ebenso, wie auch die spätere Nutzung als Bombenabwurfsziel.

Die sinnlose Zerstörung Helgolands, ebenso wie die später erfolgte Sprengung, sollte primär die Befestigungen treffen, aber auch letztendlich die Existenz der Bewohner, die auch noch heute, auf Grund widersprüchlicher Darstellungen, besonders der, der Kriegsgeneration, darunter leidet.

Wir können und wollen nur versuchen aus den wenigen erhaltenen in- und ausländischen Archivunterlagen und Fotos, ein Bild der Entwicklung der Festung Helgoland zu erschließen.

Die Kriegsereignisse auf der Insel, besonders die Bombardierung am 18.4.1945, sind in anderen Büchern bereits von kompetenteren Zeitzeugen ausführlich geschildert worden, und sollen hier nicht noch einmal wiederholt, sondern nur am Rande gestreift werden.

In diesem Buch möchten wir nur versuchen, anschaulich mit Fotos und Plänen die militärische Entwicklung, die Architektur und Struktur der Insel, des Hafens und der Düne und deren Bedeutung zu beschreiben.

Die Autoren bitten auch um Zuschriften und Reaktionen aus den Leserkreisen, besonders von ehemaligen Soldaten und Angehörigen, die uns bei unserer weiteren Arbeit über die Militärgeschichte der Insel unterstützen könnten.

Ausbau bis Kriegsausbruch

Wie bereits im ersten Teil über Helgoland beschrieben, wurde die Insel nach der Übergabe Englands an Deutschland, vor und während des Ersten Weltkrieges zu einer Hochseemarinebasis ausgebaut, die vorwiegend dem U-Bootkrieg diente. Ebenso sollte Helgoland als einziger eisfreier Hafen von der Marine jederzeit angelaufen werden können. Gleichzeitig wurde das Oberland zu einer starken Befestigung mit schweren Küstenbatterien ausgebaut.

Nach den Versailler Bestimmungen wurden die Befestigungen und die Hafenanlagen desarmiert, teilweise gesprengt oder unbrauchbar gemacht. Ein Großteil der Hafenanlagen wurde bis unter die Linie Niedrigwasser zerstört.[1] Etwa 1922 waren die Entfestigungsarbeiten offiziell abgeschlossen.

1925 hatte die Insel 2588 Einwohner und blühte wiederum zu einer Ferien- und Badeinsel, sowie einem Zentrum für Hummerfischerei auf. Die Besucherzahlen konnten wieder an die Zeit vor dem Ersten Weltkrieg anknüpfen und sich sogar von Jahr zu Jahr steigern.

Besonders für Ornithologen war das Eiland von Interesse, da sich die Zugvögel Helgoland als Rastplatz ausgesucht hatten. Das Ornithologische- und das Meeresbiologische Institut mit seinem Aquarium genossen Weltruf.

Mit der am 30.1.1933 begonnenen Ära des Dritten Reiches veränderten sich auch langsam die Verhältnisse auf der Insel. Auch ein Teil der Einwohner votierte für die NSDAP, ohne jedoch den extremen Inhalt dieser Ideologie zu praktizieren und nicht ahnend, welche Entwicklung Helgoland und damit ihr Leben auf der Insel nehmen würde. Die mahnenden Stimmen, die bereits während der moderaten Entfestigungsarbeiten nach dem Ersten Weltkrieg fürchteten, daß diese den Grundstein für eine neuerliche militärische Renaissance der Insel geben würden, behielten recht.

Mit der Wiederbewaffnungspolitik des Dritten Reiches und der Einführung der allgemeinen Wehrpflicht, rückte eben auch Helgoland wiederum in den Blickpunkt der Marine, die diese strategische Basis auch während der Zeit der Weimarer Republik nicht aus den Augen gelassen hatte. Der ehemalige militärische Bereich gehörte nach wie vor dem Fiskus des Deutschen Reiches. Die Gründe für den Wiederaufbau der Küstenbefestigungen der Insel waren die selben, die schon zu den ersten Hafenbauten und Befestigungen vor dem Ersten Weltkrieg geführt hatten.

Ab 1934 wurde in den Vorplanungen das Oberland mit schwerer Marineflak und wieder mit schweren Seezielbatterien befestigt, die interessanterweise nahezu fast auf die gleichen Standorte gelegt wurden, wie die schweren Geschütze in der Kaiserzeit.

Die Planungen und auch der Bau der großen Festungswerke auf der Insel zeigen, wie das militärische Denken noch in der Zeit des Ersten Weltkrieges verhaftet war. Allerdings stand die Marine damit nicht allein, denn in Frankreich existierte bereits die *Maginot-Linie*, bzw. war im Bau, und an der Oder wurde zu nahezu gleicher Zeit an dem riesigen Festungswerk des *Oder-Warthe-Bogens* gebaut. Die Marine hatte jedoch bereits eine große Erfahrung mit Küstenbefestigungen, denn diese bestanden seit Jahrhunderten in verschiedensten Formen. In der Zeit der Betonbefestigungen wurde jedoch diese Art der Küstenartillerie der Anordnung und dem Aufbau der damaligen Kriegsschiffe immer ähnlicher.

Darüber hinaus war offensichtlich auch schon erstes Geschützmaterial für den späteren Ausbau bereitgestellt, denn im September 1934 wurden vom Chef der Marineleitung, Admiral Dr. h.c. Erich Raeder, 3 – 28 cm Geschützrohre, die für Helgoland vorgesehen waren, dem Reichsverteidigungsminister zur Verwendung beim Heer überlassen.[2]

Unter dem Decknamen *Aufräumungsarbeiten auf Helgoland* wurden die ersten Arbeiten für die Wiederbefestigung der Insel im Mai 1935 begonnen, die im September 1937 mit einer Meldung an das OKM (Oberkommando der Marine) als abgeschlossen bezeichnet werden konnten. Die Kosten, die auch bereits den Bau der Bettungen und Umgänge der Batterie *v. Schröder* einschlossen, beliefen sich auf 73.073,50 RM.[3] Bei diesen Aufräumungsarbeiten handelte es sich um die Freilegung der alten Hohlgänge und der teilweise erhaltenen oder nur angesprengten unterirdischen Anlagen des Ersten Weltkrieges. Auch sollte überprüft werden, welche Bereiche in eine zukünftige Befestigung einzubeziehen, möglich seien. So wurde bereits geplant, einen Teil des Hohlganges im Gebiet der ehemaligen Haubitzbatterie neu zu bauen.

Eine Eisenbahnlinie führte von der Marinemole im Unterland durch den wiedereröffneten und erweiterten Tunnel hindurch zum Oberland bis an die Nordspitze, wie bereits vor dem Ersten Weltkrieg, und versorgte die Baustellen. Sie diente später der oberirdischen Versorgung der Festungswerke und Batterien mit Munition und Versorgungsgütern.

Das Oberland wurde, wie bei dem Bau der ersten Befestigungen, wieder für die Zivilbevölkerung und die Gäste der Insel in weiten Bereichen

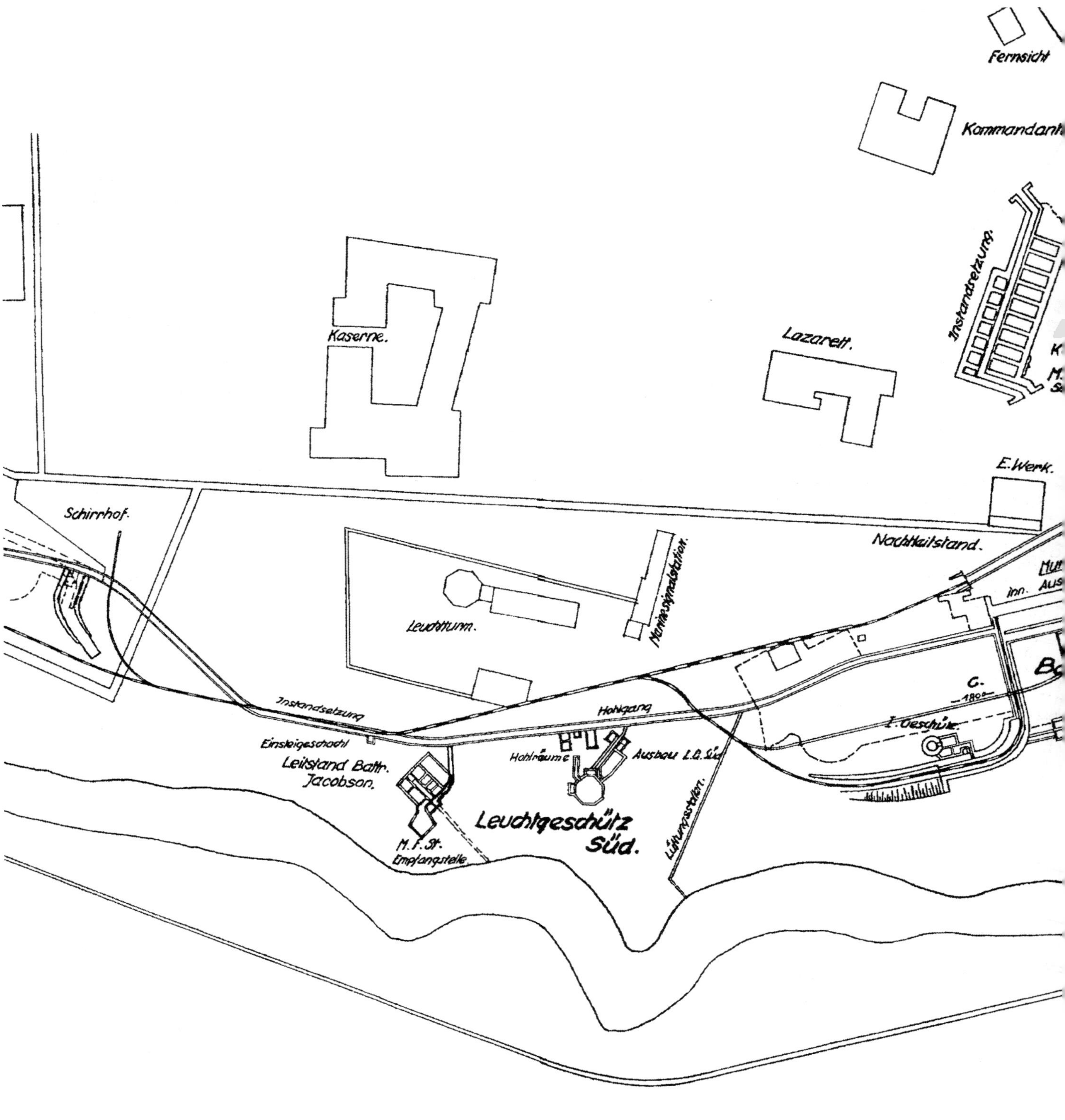

2. *Ausbauplan Helgoland ca. Mitte 1937*

gesperrt, was sich natürlich wiederum auch auf den Kurbetrieb auswirkte, der sich bis dahin nach und nach erholt hatte und einen wesentlichen Wirtschaftszweig der Insel darstellte.

Ende 1935 wurden dann wieder Überlegungen angestellt, Helgoland auch als Stützpunkt für Seeflieger, im Besonderen als Seeaufklärer für die Batterie *v. Schröder* vorzusehen. So überprüfte die Marineleitung, ob Katapultschleudern bereits beim Ausbau des Hafens mit eingebaut werden sollten. Im Juli 1936 wurde dieser Plan jedoch bereits wieder verworfen und die nötige Aufgabe der Seeaufklärung den Seefliegern auf Norderney und List zugewiesen.[4] Dennoch errichtete man einen Hangar für Seeflugzeuge auf dem Hafengelände. Direkt verantwortlich für alle militärischen Bauten auf der Insel war die erneut eingerichtete Festungs-

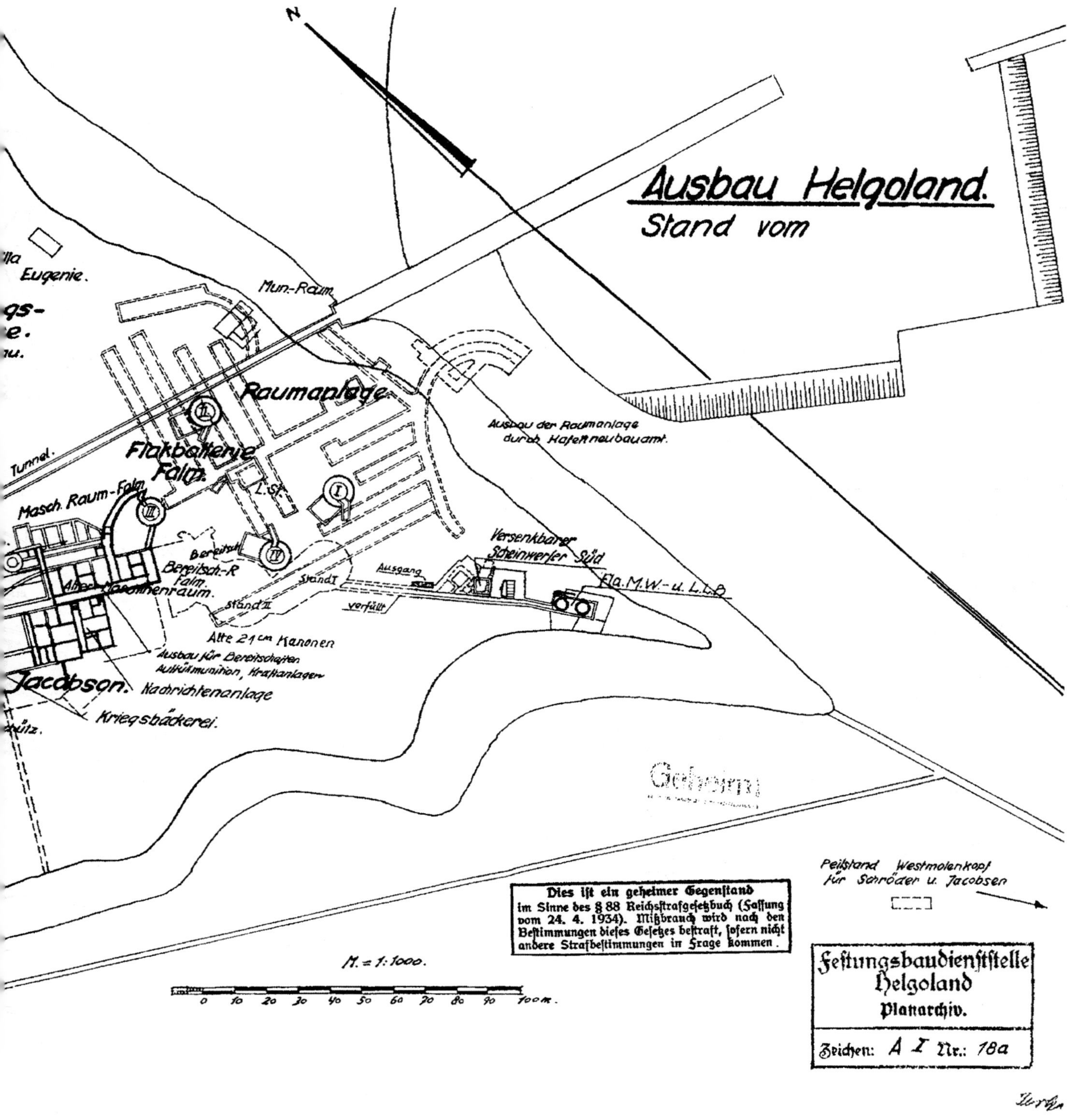

baudienststelle Helgoland. Für den Ausbau der Hafenanlagen, der Düne und der Raumanlage, waren das Marinehafenbauamt und eine Marinebaudienststelle zuständig.

Festungskommandant war 1936 Kapitän zur See v. Schrader, Inselkommandant Kapt. Ltn. Kynaß und als Artillerie Offizier, Major Wolffschlag.

Offensichtlich hatte die Marine mit den Planungen der Rearmierung Helgolands auch Neuland betreten. Vergleicht man diese Pläne und deren Ausführungen mit den Bauten des Ersten Weltkrieges und den später am Atlantikwall erstellten Bunkeranlagen und Küstengeschützen, so kann man eine kontinuierliche Entwicklung des marinemiltärischen Denkens im Bauwesen, nicht zuletzt auch auf Grund der Waffenentwicklung, erkennen. So sind zumindest in den Anfangsjahren 1934 bis 1938 die Befestigungen von Helgoland als eine Art Versuchsfeld für die Marine und die zukünftigen Küstenbefestigungen zu werten.[5]

Auf den uns vorliegenden Plänen für die Batterien auf dem Oberland tragen die Pausen für die Ausführungspläne das Datum von März 1936. Das beweist, daß die Vorplanungen, die, wie wir wissen, viel Zeit in Anspruch nehmen, schon längst im Gange waren.
Die ersten Festungspläne die uns bekannt sind, datieren von November 1935 (!), also noch vor dem Einmarsch Hitlers in das Rheinland am 7.3.1936 und der damit verbundenen Wiederherstellung der Wehrhoheit in Deutschland.

Nicht umsonst war dieser Punkt auch ein Anklagepunkt während der Nürnberger Prozesse, der als Verstoß gegen den Versailler Vertrag angesehen wurde, der Deutschland eine Wiederbefestigung Helgolands zu dieser Zeit nicht erlaubte.[6]

Im Jahre 1937 begann die Kriegsmarine auf dem ehemaligen Marinehafengelände Baracken, Funktionsgebäude, Lagerräume, Öl- und Wassertanks, sowie Werkstätten zu erstellen, um die zerstörten Hafenmolen zu reparieren und zu erweitern. Gleichzeitig wurde die Vergrößerung und der Ausbau der Düne in Angriff genommen. Damit war der äußerlich sichtbare Beginn für den Wiederaufbau der Marinebasis gegeben und eine erneute Anknüpfung an die militärische Nutzung der Insel hatte begonnen.

3. *Bettung und Umgang eines Geschützes der Batterie v. Schröder im Bau*

Die unterirdische Raumanlage, die nach dem Ersten Weltkrieg nur teilweise gesprengt und verplombt war, wurde im Februar desselben Jahres geöffnet, von Sprengschutt geräumt, erweitert und zu Depots und Versorgungseinrichtungen umgebaut. Bis Kriegsende 1945 wurde an dieser Anlage abschnittsweise weiter gebaut.

Schon früher begann man bereits mit der Instandsetzung einer Festungskaserne, im Zusammenhang mit dem Bau der Batterie *v. Schröder* auf dem Oberland, wobei die Quellenlage nicht eindeutig belegt, ob es sich hierbei um die oberirdische oder die unterirdische Kaserne handelt. Die Kosten hierfür wurden mit 7105,46 RM beziffert. Die relativ niedrigen Kosten weisen wohl auf die oberirdische Kaserne (Südkaserne,in der Nähe des ehemaligen Leuchtturmes) hin, denn erst im Oktober 1937 wird der erste Bauentwurf für das *Festungswerk v. Schröder* vorgelegt, mit geschätzten Baukosten von 300.000 RM, obwohl die eigentliche Batterie zu diesem Zeitpunkt, in offenen Kesselbettungen liegend, schon einsatzbereit war.[7]

Bei den Bauten wurde an Kosten und hochwertigem Beton nicht gespart. Das Betonmischverhältnis betrug 1:4, mit Netzbewehrung und 350 kg hochwertigem Portlandzement mit rd. 95 kg Rundeisen Ø12 mm auf einen Kubikmeter.

Die Baukosten stiegen dann auf etwa 500.000 RM an, weil vermehrte Erd- und Stemmarbeiten im Bauentwurf übersehen worden waren, der Einbau einer 200 m^3 fassenden Zisterne im Block D nicht berücksichtigt wurde, sowie ein zusätzlicher Kellerraum im Maschinenraum und eine Vergrösserung der Warmwasserheizung.[8]

Mit den Bauarbeiten für die Befestigungsanlagen beauftragte die Festungsbaudienststelle die Firma Hageman, die auch heute noch auf der Insel tätig ist.

Während mit dem Bau der Flak-Batterien ebenso 1936 begonnen wurde, die ab Mitte 1937 einsatzbereit waren, lagen die Bauentwürfe für das Festungswerk der Batterie *Jacobson* dem OKM erst im Dezember des gleichen Jahres vor, und erst im folgenden Jahr wurde mit dessen Bau an gefangen. In weiten Bereichen legte man die neuen Bauten in die nur teilgesprengten oder erhalten gebliebenen Anlagen des Ersten Weltkrieges. Manche Kasernen in den Festungswerken lagen sogar unter den angesprengten Decken ihrer Vorgänger.

Dem Ausland blieben die Bauarbeiten auf der Insel natürlich auch nicht verborgen, zumal viele ausländische Touristen die Insel besuchten. In einer englischen Zeitung von 1937 wird über Helgoland berichtet:

Große öffentliche Arbeiten wurden zu Jahresanfang begonnen. Bekanntmachungen vom 2.1.1936, unterzeichnet von den Deutschen Militärbehörden, die überall auf der Insel und auch auf den Dampfern angeschlagen sind, verbieten das Fotografieren auf der Insel außerhalb der Stadt. Polizei ist überall auf dem Oberland zu sehen, um das Verbot zu überwachen. Allerdings wird nichts unternommen, denn es ist wohl unmöglich zu verhindern, daß die täglichen Touristenkontingente die Geschütze auf dem Oberland oder die Ausbauarbeiten am Marinehafen sehen.

Außerhalb des Rundweges besteht ein Drahtzaun mit Schildern, mit der Aufschrift "Die Bauleitung" und daß das "Betreten der Baustelle verboten" ist. Die Arbeiten werden von Zivilpersonen ausgeführt und weder Soldaten, noch Matrosen sind im Marinehafen zu sehen. Lediglich der Exerzierplatz bei den Baracken ist durch einen eisernen Zaun abgesperrt und es ist auch nicht mehr erlaubt den Leuchtturm zu besteigen, von dem man einen weiten Ausblick über die Insel hat.

An der Südspitze des Oberlandes stehen drei Kanonen in Panzertürmen und ein weiteres ca. 4 inch Geschütz, das in einer runden Erd- oder Betonbettung liegt, die mit einem provisorischen Holzdach versehen ist. Vermutlich ein Flak-Geschütz. Hinter diesen Geschützen führt eine Eisenbahnlinie von der Mitte der Insel und absteigend zu einem Einschnitt, möglicherweise Magazinen, weiter abwärts bis zum Marinehafen.

Auf der Nordseite der Insel stehen drei Schiffsgeschütze. Die Geschütze stehen fertig in Bettungen, aber die Aufschüttungen und unterirdischen Arbeiten sind noch nicht abgeschlossen.

Auf dem äußersten Nordostende befinden sich zwei Schnellfeuerkanonen mit Schutzschild von einem Kaliber von etwa 4-inch. Zwei weitere Fla-Geschütze mit Schutzschilden sind von dem Typ, mit denen die neuen deutschen Schlachtschiffe ausgerüstet sind. Eine andere Fla-Kanone ist von einem hölzernen Dach bedeckt.

In der Spitze der Insel liegt ein Bau, der wie ein Beobachtungsposten aussieht. Er besitzt eine stählerne Haube mit Schlitzen ...

Im Marinehafen ... steht ein Seefliegerhangar in der Nähe des kleinen rechteckigen Hafens und Arbeiten werden an einem Stollen an der Felswand unternommen.[9] (Anmerkung: Freie Übersetzung durch die Autoren)

Wie man sieht, wurden die Bau- und Befestigungsarbeiten auf Helgoland vom Ausland sehr genau beobachtet.

Doch auch auf deutscher Seite wurden die Aufbauarbeiten mit starkem Interesse verfolgt, wie die Besucherliste des Jahres 1937 verdeutlicht:

24.4. - 30.4.: Inspekteur des Marine-Artillerie-Zeugamtes, Konteradmiral Reimer
2.6.: Befehlshaber der Aufklärungsstreitkräfte, Vizeadmiral Böhm
4.7.: Oberbefehlshaber des Heeres, General v. Fritsch
20.7.: Oberbefehlshaber der Luftwaffe, Reichsmarschall Hermann Göring
10.8.: Oberbefehlshaber der Marine, Admiral Dr. h.c. Erich Raeder
11.8.: Der Präsident des Reichsrechnungshofes[10]

Ebenso wie beim Bau der Befestigungen vor dem Ersten Weltkrieg, überschwemmten Kontingente von Hafen- und Bauarbeitern die Insel. Für den Ausbau der Stollen und Hohlgänge wurde die oberschlesische Bergbaufirma Dipl. Ing. Walter beauftragt. Auch österreichische Arbeiter und viele Einheimische meldeten sich bei den Bauunternehmern, um Arbeit zu finden.

Das Verhältnis der Inselbewohner und der Gemeinde zu den Marinebehörden war gut. Man verstand miteinander umzugehen und versuchte, besonders von Seiten der Marine, wo es möglich war, auch Rücksicht auf die Belange der Gemeinde zu nehmen.
Der Kur- und Badebetrieb nahm seinen mehr oder minder ungestörten Fortgang, auch wenn die Einschränkungen durch die militärischen Sperrgebiete die Bewegungsfreiheit auf der Insel erschwerten.

1937 waren die ersten Flak-Batterien fertiggestellt und feuerbereit. Obwohl die Geschütze erst Mitte 1937 eingeschossen wurden, waren deren Kanonen nur zusammengestückelt und provisorisch eingebaut, wie auch ein Teil der übrigen Bewaffnung der Insel.

Eine Aufstellung aus dem Mobilmachungskalender von 1938, welches die militärischen Einrichtungen und Bereitstellungen der Insel beschreibt, mag dies verdeutlichen.

So waren folgende Batterien gefechtsbereit:

1. Seezielbatterie *v. Schröder*	3 - 30,5 cm
	2 - M.G. C/30
2. Seezielbatterie *Jacobson*	3 - 17 cm
2 Leuchtgeschütze	2 - 15 cm
3. Flak- und Sperrbatterien (Flagruko Helgoland)	
a) *Falm*	4 - 10,5 cm
b) *Nyassa (Nordspitze)*	4 - 8,8 cm
c) *Tanganjika (Westklippe)*	2 - 10,5 cm
d) *Düne*	4 - 10,5 cm
4. Fla.M.W. Schutz	2 - 3,7 cm M.K.
	1 - 3,7 cm S.K.
	2 - M.G. C/30

Die zwei Leuchtgeschütze, die den schweren Batterien zugeordnet waren, bestanden ursprünglich aus Ubts.- (U-Boots-) und Tbts.- (Torpedoboots-) Kanonen L/45.

Die 10,5 cm Fla-Geschütze der *Falm* Batterie stammten ebenfalls aus U-Boots- und Torpedobootsbeständen und wurden erst im Jahre 1939 durch Neulieferungen ersetzt.

Die alten Geschütze der Batterie wurden dann an die Flak-Batterien *Regulus* auf Rügen, *Puan-Klent* auf Sylt und *Waterberg* auf Norderney abgegeben.

Zwei, als Exerziergeschütze in der Flak-Batterie *Nyassa* aufgestellte Geschütze, wurden abgebaut und als Flak-Battr. *Tanganjika* aufgebaut.

Die restlichen Geschütze der Flak-Batterien, incl. der *Westklippe*, wurden dann auch im Jahre 1939 durch fabrikneue Geschütze ausgetauscht.

Die *Raumanlage* war 1938 noch im Ausbau. Mit der Fertigstellung der bis dahin geplanten Stollen rechnete man nicht vor Mitte 1939. Hier sah der Mobilmachungsplan die Lagerung von:

40 Torpedos G 7 a,
40 Torpedos G 7 e,
80 Gefechtsköpfen,
80 Gefechtspistolen,

sowie Schwarzpulver und Zünder vor, ferner Einrichtungen von vier Regelstellen mit Luftpumpen und Dauerladestellen für 40 Batterien (U-Boot-Akkumulatoren).[11]

Die beiden Festungswerke der schweren Küstengeschütze konnten bis Kriegsbeginn auch noch nicht vollständig fertiggestellt werden. Ausbauarbeiten im Inneren, wie z.B. die Kriegsbäckerei und das Lazarett in dem Festungswerk *Jacobson*, wurden erst Ende 1939/40 beendet.

Die Beschaffung und der Einbau der Inneneinrichtung der Festungswerke erfolgte in Zusammenarbeit zwischen der Festungsbaudienststelle Helgoland und der Standortverwaltung. Den Zuschlag für den Einbau der Warmwasserheizung, der Küchen- und Abortanlagen, der Wasch- und Duschanlagen, sowie der künstlichen Belüftung im Festungswerk *v. Schröder*, erhielt die Firma A. Gerken u. Sohn in Cuxhaven, die bereits ähnliche Arbeiten in den Kasernen und in den Hauptleitständen der Batterien *v. Schröder* und *Jacobson* zur vollsten Zufriedenheit ausgeführt hatte. Endgültig fertig waren diese Werke allerdings erst im November 1941, wie die Ausführungsbescheinigungen der Unternehmer auf den Bauplänen beweisen.[12]

Für die Helgoländer Bevölkerung begann wiederum ein Ansturm von Soldaten vom Festland auf die Insel, der aber zunächst auch als wirtschaftlich positiver Aspekt zu werten war. Das Hafengelände und die Sperrbereiche des Oberlandes waren nur noch mit Sondergenehmigungen und verschiedenen Ausweisen für die Zivilbevölkerung Helgolands zugänglich.

Alle marinemilitärischen Bauten auf der Insel unterstanden der *Abteilung Festungsbau* des *Amtes Kriegschiffbau* im OKM und wurden von dort der *Festungsbaudienststelle* Helgoland in Auftrag gegeben, die für die nötige Planung und Überwachung sorgte. Gegen Ende des Krieges wurde diese Dienststelle in *Marine-Festungspioniergruppe* umbenannt und unterstand der *OT*, die erst ab 1944 im Reichsgebiet bauen durfte.

Ein im Jahre 1939/40 begonnener *U-Bootbunker*, der erste in Deutschland, der nach dem Ersten Weltkrieg gebaut wurde, knüpfte an die Tradition der kaiserlichen Marine an, Helgoland erneut als U-Bootstützpunkt zu nutzen.

Das Ziel der Befestigungen auf dem Oberland diente, wie im Ersten Weltkrieg auch, der Verteidigung und dem Schutz der südlichen Nordsee, sowie der Elbflußmündung und damit auch des Nord-Ostsee-Kanals, mit dem Unterschied, daß später nicht mehr die Küstenbatterien die entscheidende Rolle spielen sollten, sondern die Luftabwehr. Dies sollte sich im Verlauf des Zweiten Weltkrieges erweisen.

Auch die *Düne* wurde in das Befestigungsprogramm einbezogen. Aufschüttungen vergrößerten diese kleine Insel um ein Mehrfaches. Ein künstlicher Hafen mit Molen und Kais, Öl- und Benzintanks und den dazugehörigen Gebäuden wurde angelegt. Einen von der Luftwaffe 1941 neu erbauten Flugplatz mit zwei Landebahnen belegte man zeitweilig mit Jagdflugzeugen, Transportflugzeugen und Aufklärern. Eine 10,5 cm Marine-Flakbatterie wurde als Sperrbatterie aufgestellt, die im Januar 1945 nach Dänemark kommen sollte und durch eine 7,5 cm Pak-Batterie mit vier Geschützen ersetzt wurde.[13] Gleichzeitig diente die Düne auch als Erholungszentrum der Helgoländer Garnison.

Allerdings wurde damit die Düne zum größten Teil auch Sperrgebiet für die Touristen und Helgoländer, soweit sie nicht am Bau der Hafenanlagen und des Landeplatzes beteiligt waren.

Bei einem Besuch Hitlers im Jahre 1938 wurde der Plan bekannt, Helgoland zu einem der größten eisfreien Häfen Europas auszubauen. Es handelte sich dabei um die als Projekt *Hummerschere* bekannt gewordene Erweiterung des sogenannten Nordhafens.

Propagandistisch wurde von einem *Malta des Nordens* gesprochen. Reste dieses Projektes, das 1941 aufgegeben wurde, sind heute noch zu sehen.

Das aufgeschwemmte Nordost-Gelände und die Nordwestmole der Insel waren der Beginn der geplanten Arbeiten, ebenso wie die Nordwestmole und die Nordostmole der Düne.

Helgoland ist heute noch Nutznießer dieser Planungen, auf denen zum Beispiel das Kurhaus und die Jugendherberge liegen.

Die Hafenanlagen des *Einsatzhafens Helgoland* und der U-Bootbunker waren zu Beginn des Krieges jedoch noch nicht fertig gestellt.

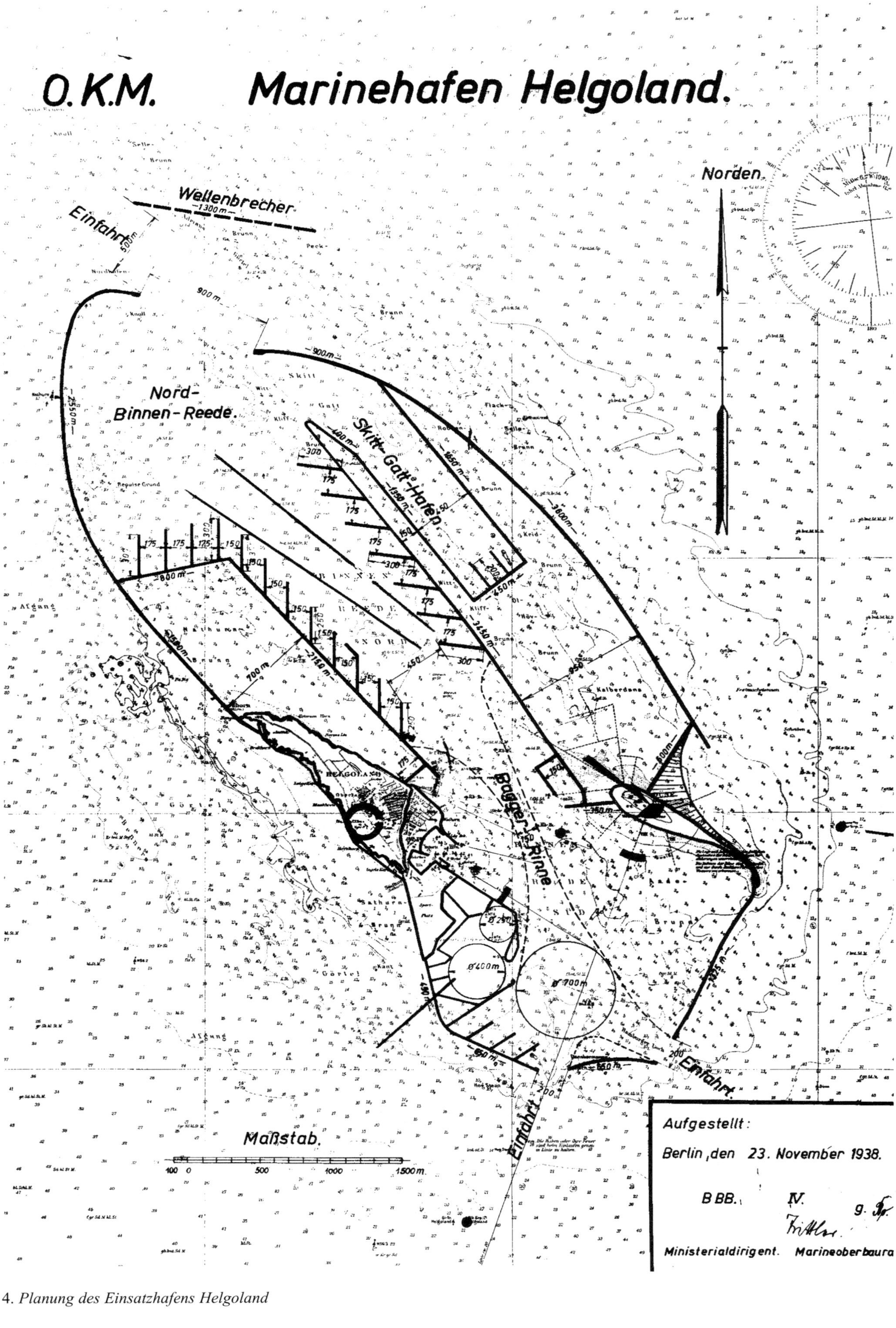

4. *Planung des Einsatzhafens Helgoland*

Projekt Hummerschere

In einer Niederschrift über einen Vortrag bei dem Oberbefehlshaber der Marine (Ob.d.M.) Dr. h.c. Erich Raeder, vom 4.3.1937 wird über den weiteren Ausbau der Befestigungen auf der Insel Stellung genommen. Dabei handelte es sich nicht nur um die Befestigungen selbst, sondern hauptsächlich um die Planung des *Einsatzhafens Helgoland*, auch unter dem Decknamen *Hummerschere* bekannt. Diese Planung für den endgültigen Ausbau stand in groben Zügen bereits fest.

Danach sollte abschnittsweise der Südhafen erweitert werden und im Nordosten, ebenso wie auf der Düne, durch aufgeschwemmtes Neuland, ein weiterer neuer Nordhafen errichtet werden. Der Endausbau war bis zum Jahre 1948 vorgesehen.

Dabei wäre die Insel Helgoland um etwa das drei- bis vierfache vergrößert worden, die Düne um das zehnfache.

Im geplanten Nordhafen waren Liegeplätze für Schlachtschiffe, Kreuzer und Zerstörer etc. vorgesehen.
Die nahezu gesamte Deutsche Hochseeflotte hätte hier Unterkunft finden können.

Dazu war natürlich die bisherige Bewaffnung, die auch zum Schutz des geplanten Hafens dienen sollte, zu schwach. So erörterte die Marine, ob *für später etwa eintretende Notwendigkeiten auf der Insel Stellungen und Geschütze und Stände einer zweiten gleichartigen schweren Batterie zu drei weiteren 30,5 cm Geschützen vorsorglich festgelegt und auf diese Plätze beim Ausbau der Insel Rücksicht genommen werden sollte.*

Dementsprechend wurden auch Überlegungen angestellt, die Batterien der Flak und der Fla-Maschinenwaffen zumindest zu verdoppeln. Weiter plante man nach Durchführung des Hafenneubau-Projektes, eine weitere Sperrbatterie mittleren Kalibers (17 cm) in der Hafengegend vorzusehen.

Der *Ob.d.M. befahl ferner zu prüfen, ob die Möglichkeit der Aufstellung von schweren Geschütz-Doppeltürmen auf Beton-Inseln in der Umgebung von Helgoland bestehe.*

Erst im Mai 1939 wollte man auch den artilleristischen und fortifikatorischen Schutz der geplanten Hafenanlagen im Endziel festlegen, zumal die beschränkten Raumverhältnisse eine sehr frühzeitige und vorausschauende Aufteilung des vorhandenen und neu zu schaffenden Gebietes für wünschenswert erachten ließen. Dazu kam noch, daß ein großer Teil der künftigen Kampfanlagen bereits bei der Planung und beim Bau der Molenbauten berücksichtigt werden mußte, um die Schaffung der Kampfanlagen mit dem Tempo der Hafenbauten in Übereinstimmung bringen zu können.

Gemäß *Ausbauplan Seezielküstenbatterien*, sollte die weitere Verstärkung der Festung Helgoland erst in einigen Jahren entschieden werden. Eine grundsätzliche Entscheidung für die Standorte der Bewaffnung wurde jedoch bereits getroffen.

So sollte in der Ausbauplanung für 1941/42 eine zweite schwere Batterie 30,5 cm etwa in Mitte der neuen Nordwestmole aufgestellt werden.

An der neuen Nordeinfahrt war eine 15 cm SKL/55 Sperrbatterie geplant.

Die Sperraufgaben für die endgültigen Südeinfahrten sollten vorgeschobene Flakbatterien auf den zwei südlichen Molenköpfen übernehmen.

Nach dem beabsichtigten Bauprogramm ergaben sich drei große Bauabschnitte, von denen die Wiederherstellung des früheren Kriegshafens als Bauabschnitt I (1941/42), der Ausbau des endgültigen Südhafens als Bauabschnitt II (1944) und der Ausbau des endgültigen Nordhafens als Bauabschnitt III (1948), bezeichnet wurden.

5. *Bettung und Umgang eines offen aufgestellten Geschützes der Batterie von Schröder*

6. *Stahlgerüst über der Bettung zur Aufnahme der Panzerplatten*

Beschreibung der Befestigungen

Die stark und tief verbunkerten Festungselemente, westlich auf dem Oberland gelegen, bestanden in der Hauptsache aus den zwei Seezielbatterien *von Schröder* im Norden und *Jacobson* im Süden, sowie aus drei schweren Flak-Batterien, jede wiederum durch leichtere Kaliber von Flak, gegen Tieffliegerangriffe geschützt.

Die beiden Küstenbatterien waren in elektrisch betriebenen Türmen untergebracht, während die 10,5 cm Marineflak teilweise in offenen Bettungen lagen. Einige Fla-Geschütze waren durch splittersichere Drehhauben geschützt.

Die schweren Batterien, ein Teil der Fla-Geschütze (*Nordspitze- und Falm Batterie*, letztere allerdings nur mit einem Geschütz) und die Munitionsmagazine waren unterirdisch an ein weitläufiges Tunnelsystem angeschlossen. Dieses System durchzog fast das gesamte Oberland von Süden nach Norden und verband die beiden Küstenbatterien mit den Festungswerken und einem Teil der Flak-Batterien, den Leuchtgeschützen und den Hauptleitständen.

30,5 cm Seezielbatterie von Schröder und der nördlicher Inselbereich

Die im Norden der Insel gelegene Batterie erstreckte sich in größerer Ausdehnung, d.h. verteilter als ihr südliches Gegenstück, auch in der Entfernung ihrer Geschütze und Leitstände zueinander.

Der Name der Batterie beruhte auf der Erinnerung an den Admiral von Schröder (geb. 17.7.1854), der im Ersten Weltkrieg Kommandierender Admiral des Marinekorps in Flandern war.

Die **Batterie von Schröder** bestand aus drei 30,5 cm S.K.L/50 Langrohrgeschützen, mit einem Aktionsradius von 32,0 km beim Einsatz schwerer Granaten (Gewicht von 405 kg), bzw. 51,4 km bei Verwendung der leichten Ladung (250 kg).

Die drei 30,5 cm Kanonen waren ursprünglich Bestandteil von sechs Geschützen (Baujahr 1913) der *Batterie Friedrich August* auf Wangerooge, von denen 1936 drei nach Helgoland verbracht wurden. Zwei weitere wurden in den Westwall am Oberrhein bei Ottenhöfen eingebaut und im Juli 1940 an den Atlantikwall nach La Trésorie an den Pas de Calais verbracht.[14]

Das Einrichten und Anschießen der Geschütze fand vom 12. bis 20. Juli 1937 statt. Als Ziel diente ein ausgemustertes Kriegsschiff, die *Zähringen*, das aus dem Ersten Weltkrieg stammte und von einem Torpedoboot ferngesteuert wurde.[15]

Ursprünglich in offenen Kesselbettungen, mit einem Richtkreis von 360° gelegen, waren sie auf sogenannten Bettungsschießgerüsten aufgesetzt. Eine (leichte) Panzerung erhielten die Geschütze Ende 1939, indem über den Ständen Stahlträgerkonstruktionen aufgebaut und diese mit 30 mm starken Stahlplatten beschirmt wurden. Die Geschützlänge betrug 15,25 m, die Länge des Rohres 11,90 m und das Gesamtgewicht lag bei 177 t. Die Rohrneigung lag zwischen –4° und +45°. Hersteller war die Firma Krupp in Essen. Die "Ist"-Lagerung der Geschosse lag bei einem Bestand von 652 Granaten, die Feuergeschwindigkeit bei 1 - 1,3 Schuß/min.[16]

Die Geschütze waren sehr schwer zu bedienen. Nach jedem Schuß mußte das Rohr wieder in die Waagerechte gebracht werden.

Außer den optischen Entfernungsmessern, war die Batterie mit einem FuMO 214 *(Würzburg-Riese)*, südwestlich des dritten Geschützes gelegen, ausgerüstet.

Ein Verbindungstunnel führte an jedem der drei 30,5 cm Geschütztürme, mit ihren Munitionsmagazinen, die jeweils eigene Eisenbahnzugänge von außen hatten vorbei, mit einer Abzweigung zu der 15 cm Leuchtkanone und dem 10,5 cm Flak-Magazin und endete am zweiten Leitstand (*Peilstand Nord*) und dem Entfernungsmesser der Batterie am nördlichsten Ende der Insel. Zwischen der Batterie *v. Schröder* und dem *Peilstand Nord* bestanden Zugänge zu den Geschützen der Flak-Batterie *Nordspitze*, samt deren Mannschaftsunterkünften und dem Leitstand. Zwei weitere Abzweigungen des Haupthohlganges führten zu dem Hauptleitstand der Batterie *v. Schröder* im Westen und dem Festungswerk *v. Schröder*.

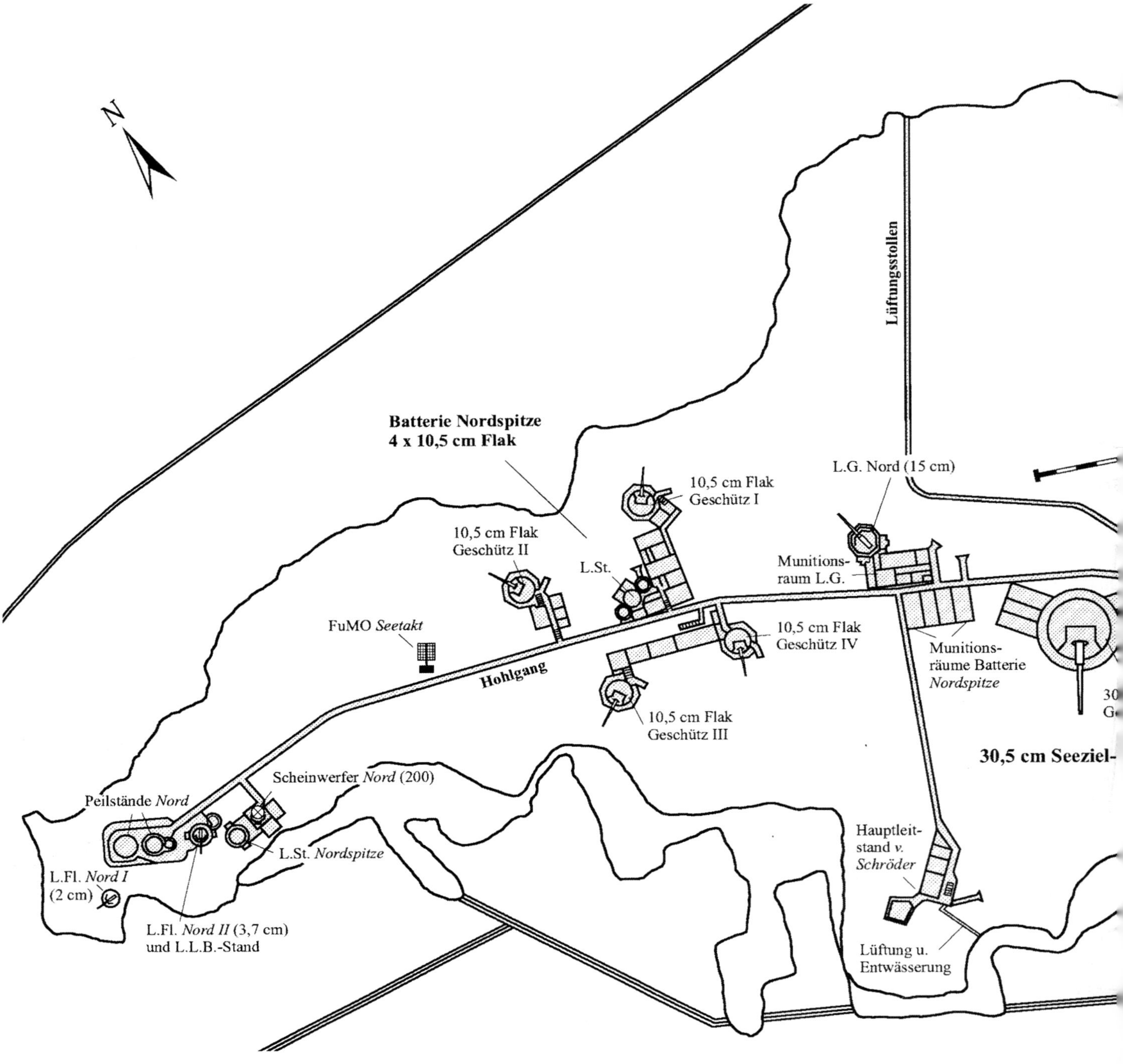

7. Übersichtsplan des Nordteils der Insel

Das Hauptmunitionsmagazin der Batterie *v. Schröder* lag zwischen dem Festungswerk und dem Geschütz Nr. 2 am Haupthohlgang, und dessen acht zweistöckige Abteilungen waren durch eine 3 m starke, besonders armierte Decke geschützt. In den Munitionsräumen waren die Geschosse unten und die Treibladungen im oberen Stockwerk untergebracht. Die Geschoßzufuhr zu den einzelnen Geschützen erfolgte über ein Transportsystem (Laufkatzen), indem die einzelnen Granaten im Bereitschaftsmagazin mittels einer sogenannten Geschoßzange in einen Munitionswagen gelegt wurden. Anschließend wurde das Geschoß auf dem handgeschobenen Transportwagen (Lore mit 40 cm Spurweite) zu den Munitionsbereitstellungskammern transportiert. Von dort aus wurde es über elektrisch betriebene Hoister (Kettenzüge) durch den sog. Munitionsbrunnen in die einzelnen Geschützräume transportiert. Hier wurden die Granaten wiederum auf einen Munitionswagen verladen und vor den Verschluß des Geschützrohres gerollt, um dann von der Arretierung gelöst, von sechs bis acht Soldaten mit einer Schubstange (Ansetzer) in das Rohr des Geschützes geschoben zu werden.

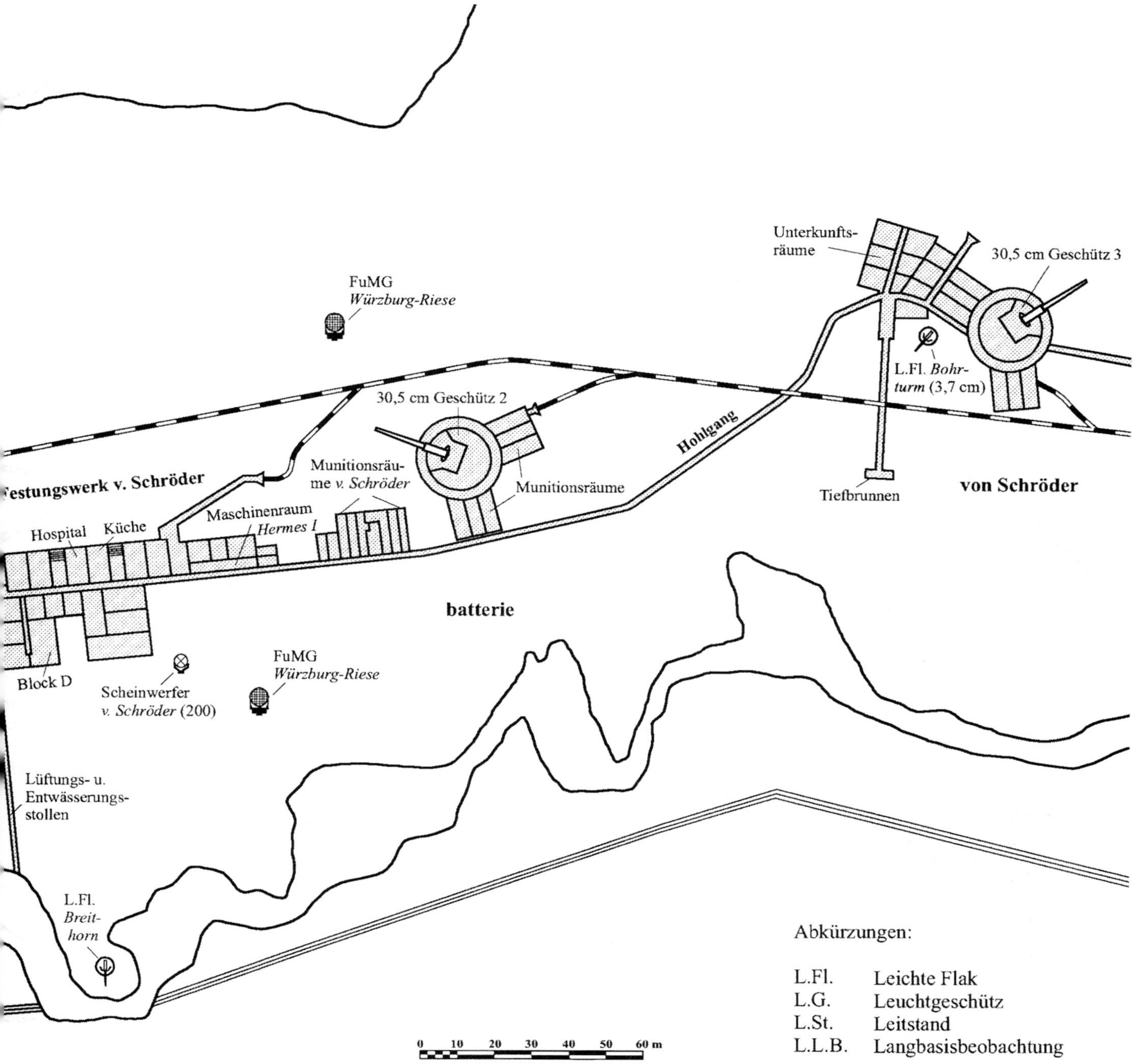

Nach Zuführung der Treibladung war das Geschütz dann feuerbereit. Zu einer Turmbesatzung gehörten etwa 50 Mann.[17]

Die drei Türme wurden von außen durch eine Eisenbahnlinie versorgt (1-m Spur), deren Nebengeleise bis an die Munitionsmagazine der Türme führten. Zwei geräumige Munitionsbunker, je aus drei Kammern bestehend, mit Versorgung durch eine Schmalspurbahn von 40 cm Breite, lagen auf den gegenüberliegenden Seiten der Arbeitsräume eines Geschützes. Kartuschen und Zünder waren in diesen Bunkern zusammen gelagert.

Die Besatzung eines Geschützraumes bestand aus etwa 35 Mann.

Die Bedienung der Batterie erfolgte durch die MAA 122 (Marine - Artillerieabteilung).[18]

Batteriechef war Kplt. Dr. Huppert, der vorher auf Wangerooge die Batterie *Jade-Ost* befehligte.

Gegen Ende des Krieges plante man diese Geschütze gegen 40 cm Kanonen auszutauschen, zu dessen Ausführung es jedoch nicht mehr kam. Die Vorarbeiten für den Austausch sollen aber bereits in Angriff genommen worden sein.

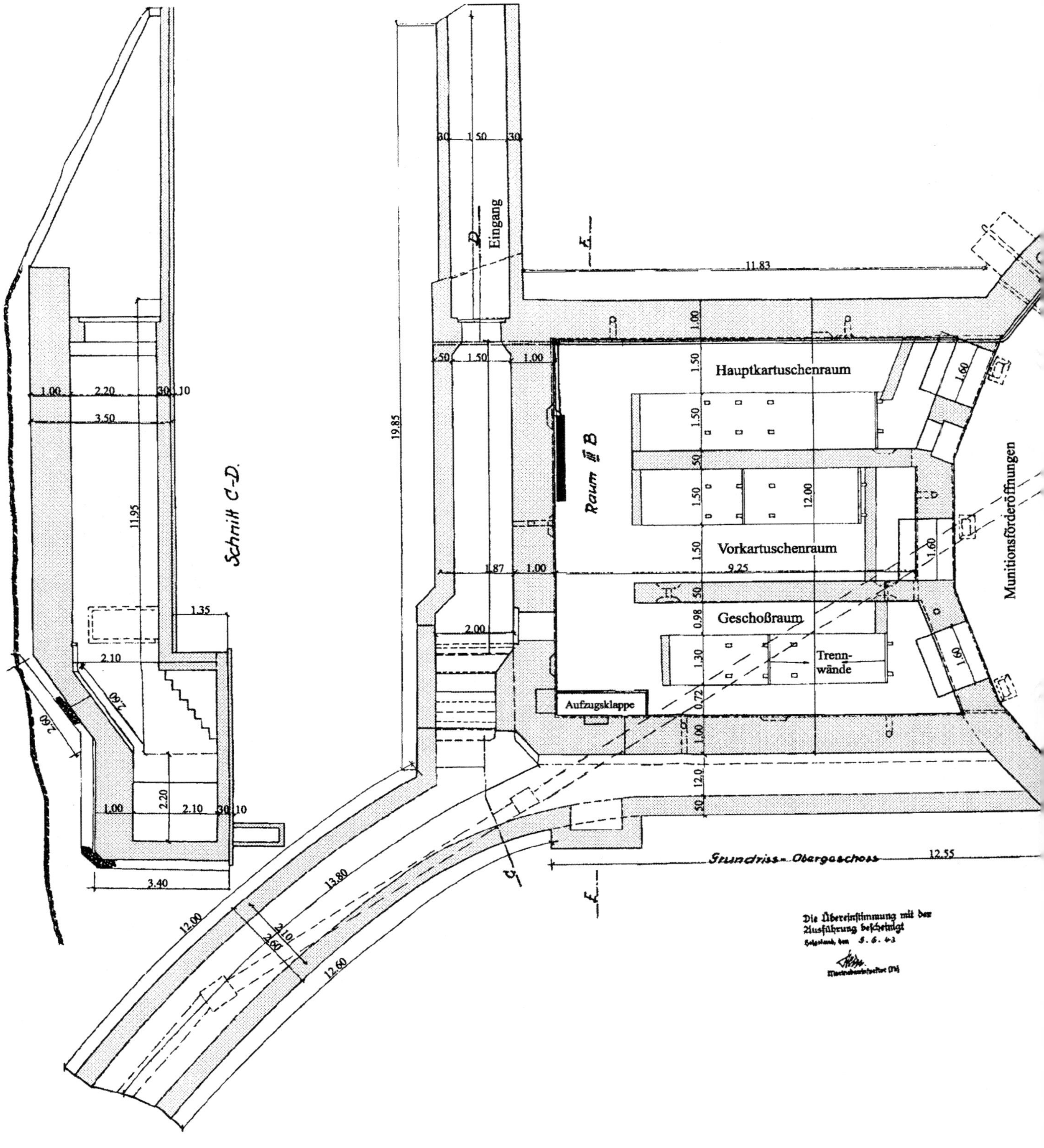

8. *Bettung III der Batterie von Schröder mit Grundriß-Obergeschoß und Schnitten*

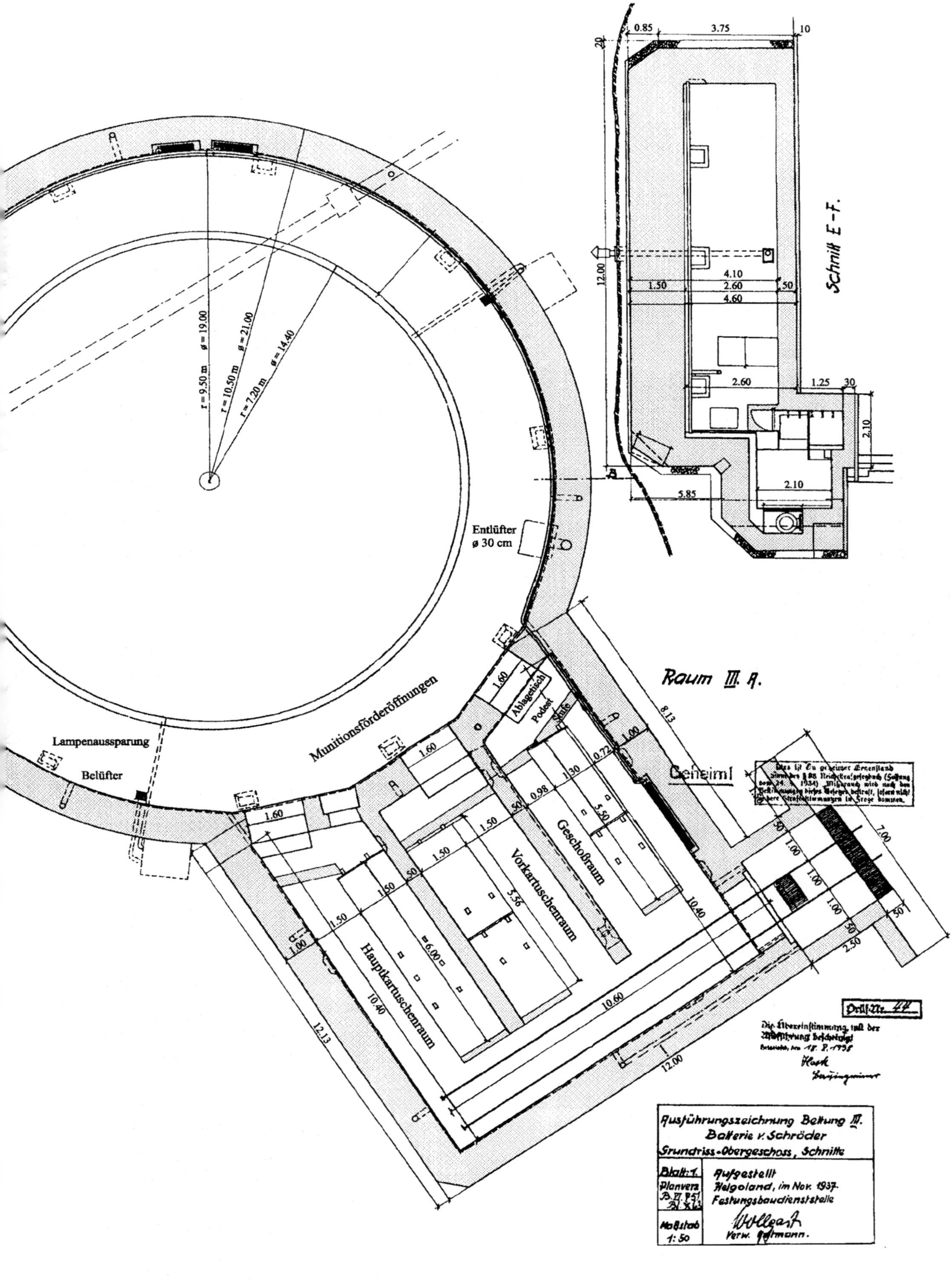

r = 9.50 m ø = 19.00
r = 10.50 m ø = 21.00
r = 7.20 m ø = 14.40
Entlüfter
ø 30 cm
Lampenaussparung
Belüfter
Munitionsförderöffnungen
Ablagetisch
Podest
Stufe
Raum III. A.
Geheim!
Geschoßraum
Vorkartuschenraum
Hauptkartuschenraum
Schnitt E-F.
Ausführungszeichnung Bettung III.
Batterie v. Schröder
Grundriss-Obergeschoss, Schnitte
Blatt: 1.
Aufgestellt
Helgoland, im Nov. 1937.
Festungsbaudienststelle
Maßstab
1:50

9. *Das fertige Geschütz unter Panzerplattenschutz, aufgenommen Ende 1939*

10. *Marinesoldaten am Entfernungsmesser im Hauptleitstand der Batterie*

In den Kriegsjahren kamen die 30,5 cm Geschütze gegen gegnerische Schiffe jedoch niemals zu einem Einsatz. Allerdings ist als Kuriosum zu bemerken und wohl einmalig in der Geschichte der schweren Küstenbatterien der Kriegsmarine, daß die Geschütze, sozusagen als überschwere Flak, gegen feindliche Bomberverbände eingesetzt wurden.

Am 9.10.43 wurde ein zurückfliegender amerikanischer Verband in einer Zielhöhe von 4400 m und einer Entfernung von 20 km mit drei Schuß dieser Batterie beschossen. Ein Treffer konnte wegen des diesigen Wetters nicht beobachtet werden.[19]
Ein weiterer Einsatz einer Salve dieser Geschütze am 4.1.44 war von Erfolg gekrönt. Die Batterie schoß vier gegnerische Bomber ab, die in einer Entfernung von 25 km und einer Höhe von 7500 m flogen. Ursprünglich sprach man von sechs Bombern, von denen allerdings nur vier der Batterie zugesprochen wurden. Ein ehemaliger Marinehelfer berichtet, daß er vor dem Abschuß der Salve bei möglichst vielen Stellen anrufen mußte, damit die Fenster geöffnet wurden, um Glasbruch zu vermeiden.

Ein dritter und letzter Einsatz der Batterie *von Schröde*r, allerdings ohne Erfolg, fand am 18.4.1944 statt. An diesem Tag wurden nur zwei Schuß abgegeben, da am 2. Geschütz das Signal zum Abfeuern verpaßt wurde. Das scharfe Geschoß befand sich jedoch noch im Rohr.[20]

Die Schußwerte wurden bei all diesen Salven durch das *Würzburg-Riese* Gerät elektrisch an den Leitstand übermittelt.

Bei dem am 3.12.1939 erfolgten ersten Angriff auf Helgoland wurde auch die Batterie *v. Schröder* mitbetroffen. Aus dem KTB des Inselkommandanten geht hervor: *Kleine aber unwesentliche Schäden am 1. Geschütz der Batterie von Schröder. Munitionsraum etwas eingedrückt.*[21]

Das eigentliche **Festungswerk von Schröder** gliederte sich in zahlreiche Räume in mehreren Etagen und lag am östlichen Teil des Haupthohlganges. In vier Stockwerken lagen Arbeitsräume, Kraftstationen, Vorratsräume, die Küche, Büros, Verbandräume, Destillieranlagen, Unterkünfte und Aufenthaltsräume für Offiziere und Mannschaften.

Auch hier wurden ehemalige Anlagen der alten Festung teilweise wiederhergestellt und in die Neubauten einbezogen. So wurde der erhalten gebliebene ehemalige Maschinenraum wieder instandgesetzt und als Kaserne ausgebaut. Sie

11. *Einsatz am Geschütz*

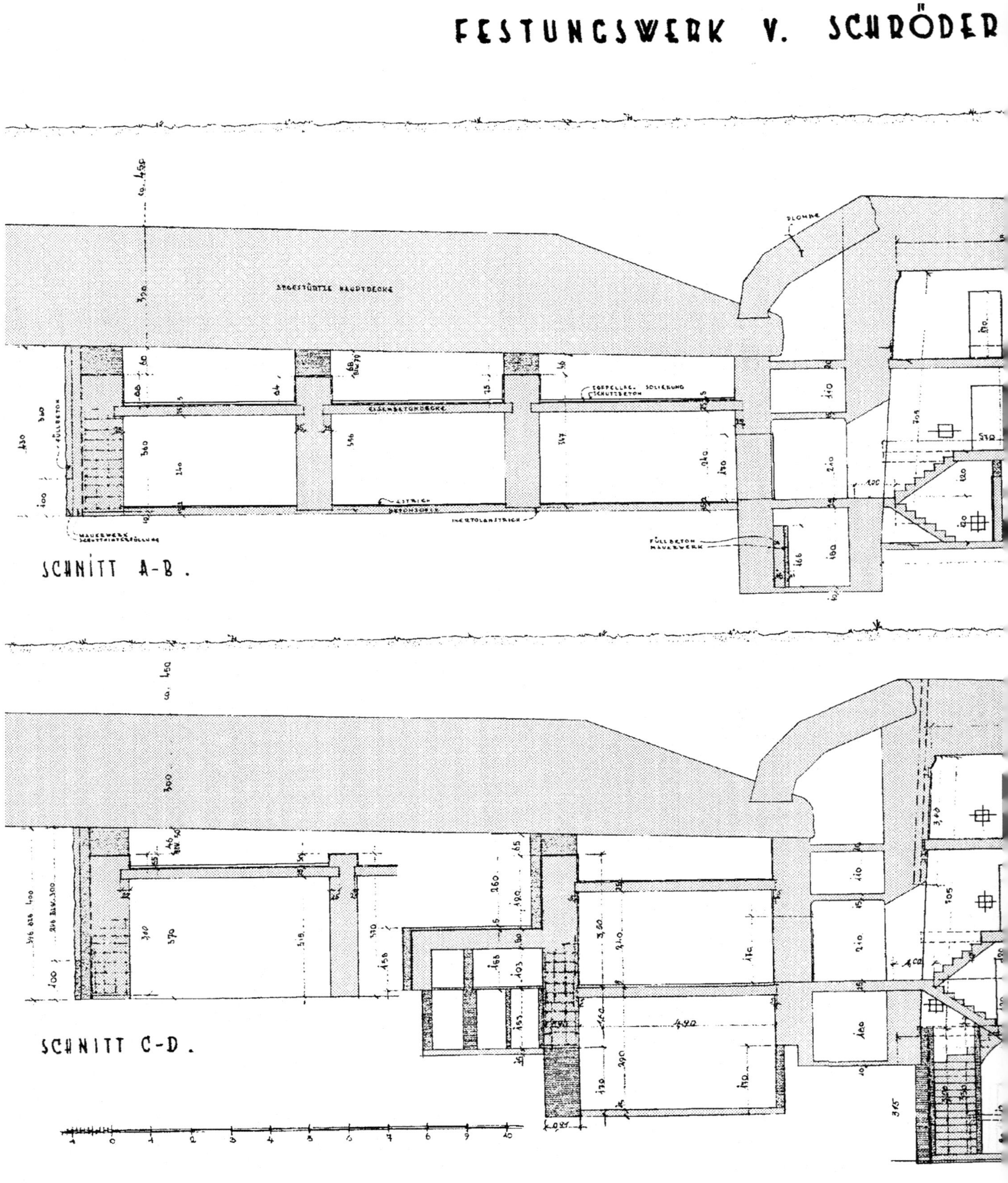

12. *Umbauplan des ehemaligen Maschinenraumes des Festungswerkes. Deutlich ist die Plombe zu sehen, die die Werke verbindet.*

bestand aus dem Ober-, Mittel- und Untergeschoß, sowie einem Kellerraum, der die Heizung, die Pumpenanlage und Vorratsräume barg. Im Mittel- und Untergeschoß lagen weitere Unterkunftsräume. Im Obergeschoß lagen zwei Mannschaftsräume, der Verbandraum und eine Küche für das Werk. Die Etagen waren durch zwei breite Treppenhäuser miteinander verbunden.

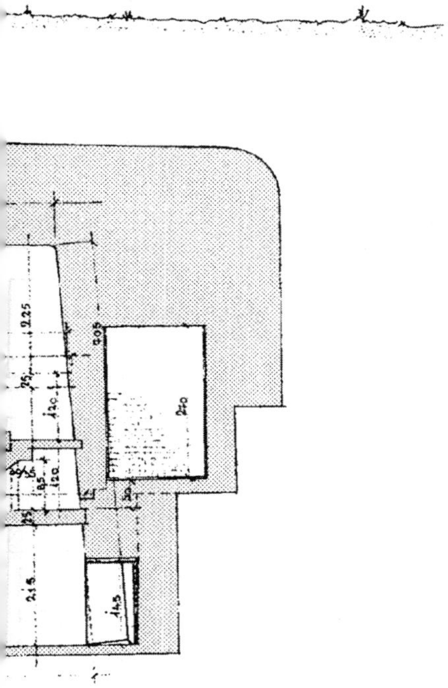

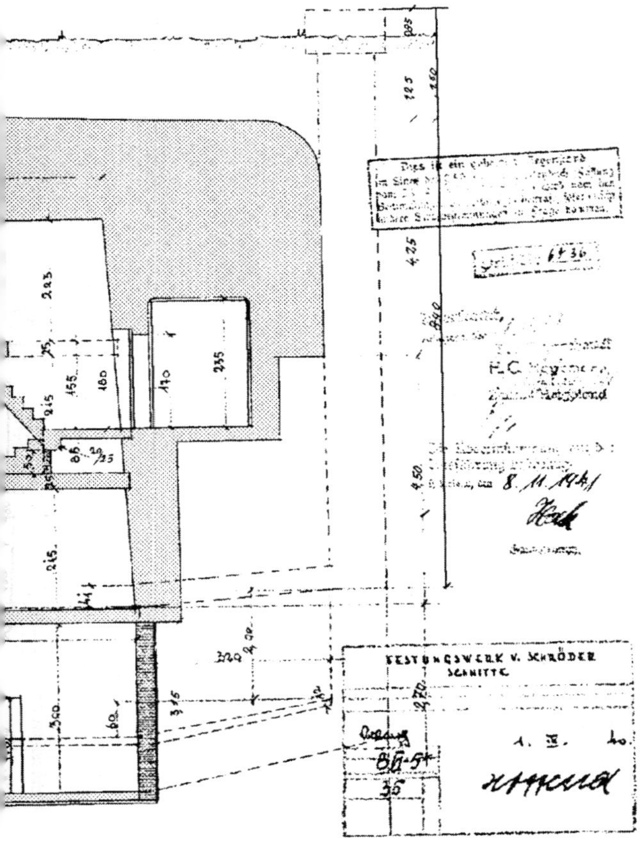

Die Unterkunftsräume der Batterie lagen vorwiegend oberhalb der Verbindungstunnelebene. Aufenthaltsräume, sowie großzügige Wasch-, Dusch- und Toilettenräume auf drei Etagen für die Mannschaften und Offiziere, versuchten ein mehr oder minder angenehmes Wohnklima zu vermitteln.

Sämtliche Unterkünfte waren selbstverständlich mit Heizungen und Klimaanlagen ausgerüstet. Die Fußböden der Mannschafts- und Aufenthaltsräume bestanden zum Teil aus Holz und Parkett, die Wände waren teilweise auch mit Holz verkleidet. Pro Kopf waren 2 qm Raumfläche in den Unterkunftsräumen vorgesehen und eine Besatzung von 12 Mann pro “Stube”. Die Betten waren dreistökkig.

Südlich davon angeschlossen, befand sich der Maschinenraum *Hermes I*, der die Batterie und das Festungswerk mit Strom versorgte.

Das ehem. Festungswerk aus der Kaiserzeit, dessen Decke zwar erhalten, aber etwas abgerutscht war, wurde ebenfalls in die Neubauten mit einbezogen. Hier wurden massive Stützpfeiler und -wände eingezogen und neue Räume angelegt.

Die Verbindung zwischen dem ehemaligen Maschinenhaus und dem alten Festungswerk konnte durch eine sogenannte ”Plombe” geschlossen werden, unter der dann der neue Hohlgang führte.

Auf der gegenüberliegenden Seite des Haupthohlganges befand sich der schon erwähnte Block D, der nur aus einer Etage bestand und Mannschaftsräume, Toiletten und Waschräume beinhaltete. Unter diesem Block befanden sich große Zisternen.[22]

Als Bauunternehmer für dieses Festungswerk war ebenfalls die Firma Hagemann verantwortlich.

Die Eingänge vom Haupthohlgang zu dem eigentlichen Festungswerk selbst, waren mit Schiebetüren verschlossen, während die Eingänge zu den einzelnen Räumen aus normalen Türen bestanden.

In der Nähe des Turmes Nr. 3 führte eine Hohlgangabzweigung zu dem Treppenschacht des Tiefbrunnens, der mit einer Druckpumpenanlage auch die Destillieranlagen versorgte. Der Brunnen hatte in etwa eine Tiefe von 70 Metern und führte allerdings nur Brackwasser. Dieses Wasser diente auch als Waschwasser für die Festungsbesatzung. Der Zugang im Hohlgang zu diesem Brunnen war durch eine Gittertür verschlossen.[23]

Die Wasserversorgung war, wie bereits im Ersten Weltkrieg, auf der Insel mangelhaft, sodaß immer noch mit Schiffen Frischwasser vom Festland gebracht werden mußte. Der Tiefbrunnen diente nur der militärischen Besatzung der Insel als

13. *Peilstand Nord, mit Entfernungsmesser*

Notreserve, zusätzlich zu den Zisternen, die in die Festungsanlagen eingebaut waren.

Ein zweiter, ca. 200 m langer Stollen unter dem Hauptverbindungsgang enthielt Ölvorrattanks, sowie Be- und Entlüftungsanlagen. Der Stollen führte eine Drainage und diente der Be- und Entlüftung des Festungswerkes und endete an der Nordostseite des Felsens.

Der besonders verstärkte **Hauptleitstand der Batterie v. Schröder** lag an der westlichen Seite der Klippe und war durch eine Hohlgangabzweigung mit dem Hauptgang verbunden, der auch zu den Flak-Batterien führte. Bemerkenswert ist die Lage des Hauptleitstandes der Batterie *v. Schröder*, der direkt vor dem Geschütz Nr. 1 und der 15 cm Leuchtkanone lag. Nach den üblichen Vorschriften, hätte dieser Leitstand abgesetzt von der Batterie gebaut werden müssen.

Ein zweiter, ursprünglich offener Peilstand, ebenfalls verstärkt, befand sich am äußersten nördlichen Ende des Verbindungsganges und damit an der Nordspitze der Insel. Dieser Peilstand wurde erst in den Anfangsjahren des Krieges vollständig verbunkert. Ein weiterer Peilstand für diese Batterie befand sich im Unterland im Südhafengelände.

Diese drei Peilstände waren wichtig für die Feindpeilung der Küstenbatterien, und damit für die Berechnung der Schußwinkel und -weiten.

Die Peilstände erfaßten das bewegliche Objekt, meist ein oder mehrere Schiffe und übergaben die Höhen-, Entfernungs- und Neigungswerte an den Hauptleitstand, der anhand eines sogenannten PARLA-Gerätes, der ähnlich wie ein Computer funktionierte, die Schußwerte errechnete. Diese wurden dann vom Hauptleitstand an die einzelnen Geschütztürme übermittelt. Dort wurden sie in die Schaltzentrale der Geschütze eingegeben, und mit diesen Daten wurden die Geschütze eingestellt. Die Peilstände verfolgten nun die Laufbahn der Geschosse bzw. deren Einschläge und gaben diese Werte an den Hauptleitstand zurück, der auf Grund der neu gelieferten Daten Korrekturen vornehmen konnte. Diese Messungen wurden später auch von den aufgestellten FuMO 214 Funkmeßgeräten *Würzburg-Riese* elektrisch übermittelt.

Die **10,5 cm Flak-Batterie Nyassa**, die später in **Batterie Nordspitze** umbenannt wurde, mit eigenem Leitstand und gepanzerten Kommandogerät 36 (Dreiwag) sowie vier 10,5 cm Marineflak in offenen Bettungen, sorgte als schwere Flak-Batterie für die Luftverteidigung. Ab etwa 1942 wurden diese Geschütze durch drehbare stählerne Panzerhauben von 15 mm Stärke geschützt. Ein FuMO *Würzburg-Dora* ergänzte die elektrische Peilung.

Ein Funkmeßortungsgerät (Radar), FuMO 201, wurde Ende 1944 an das Kommandogerät 41 (Höhen-, Seiten- und Entfernungsmesser) auf dem Leitstand angebaut, das dadurch das alte Kommandogerät 36 ersetzte, um damit die Scheinwerfer und Fla-Geschütze zu steuern. Dieses Kommandogerät war mit dem FuMO 201 mit zwei Gitterantennen gekoppelt, das die Schußwerte automatisch errechnete und nach den Geschützen übertrug. Auch beim Kurvenanflug des Zieles und bei Änderungen der Höhe oder der Seite gab das Gerät die richtigen Schußwerte an. Die Stärke der Bedienungsmannschaft konnte gegenüber dem Kommandogerät 36 auf fünf Mann herabgesetzt werden.

Die Mannschaften dieser Batterie waren teils in den unterirdischen Bunkeranlagen, die Anschluß an das Hohlgangsystem der Insel hatten, teils auch in Holzbaracken auf der Oberfläche, untergebracht.

Das Hauptmunitionsmagazin für die Fla-Geschütze lag am Verbindungsgang zum Hauptleitstand *v. Schröder*, während die Bereitschaftsmunition in angebauten Bunkern neben den Bettungen lag.

Die technischen Daten für die 10,5 cm S.K.C/32, montiert auf 8,8 cm Marine-Pivotlafette betrugen:

Kaliber	10,5 cm
Rohrlänge	4740 mm (L/45)
Kampfgewicht	15.231 kg
Rohrgewicht	1.706 kg
Seitenrichtfeld	360°
Höhenrichtfeld	-3 bis +79
Geschoßgewicht	15,060 kg
Reichweite	15.350 m

Eine ungewöhnliche Anordnung betrifft das bereits erwähnte Hauptmunitionsmagazin der 10,5 cm Flak, das sich neben der Abzweigung zum Hauptleitstand und auf der feindwärts gelegenen Seite der 15 cm Leuchtkanone befand.

Im Jahre 1945 sollte die Batterie noch durch vier schwere 12,8 cm Marine-Fla-Kanonen verstärkt werden. Zu dieser Ausführung kam es sicher nicht, denn die Entwurfspläne stammen erst vom 14. Februar 1945.[24]

Leichte Flak, die aus 2 cm und 3,7 cm Geschützen bestand, sollte wiederum die schwere Flak gegen Tieffliegerangriffe schützen.

Ein 15 cm Leuchtgeschütz in offener Bettung vervollständigte die schwere Küstenbatterie. Dieses Geschütz, im nächtlichen Feuergefecht eingesetzt, verschoß nur Leuchtgranaten, die in mehreren Kilometern Höhe einen Leuchttopf an einem Fall-

14. *Ein Marinehelfer auf dem gepanzerten Kommandogerät der Nordspitze Flak-Batterie*

15. *10,5 cm Fla-Geschütz der Nordspitze unter Drehhaube. Das Foto wurde im Juni 1946 aufgenommen.*

schirm niedersinken ließen, um das Gefechtsfeld zu erleuchten, damit die Batterien sich auf das Ziel einschießen konnten. Das Leuchtgeschütz war an das Hohlgangsystem angeschlossen.

Die Batterie *v. Schröder* war mit sechs Funkmeßanlagen (Radaranlagen), sowie Scheinwerfern, Horchgeräten, Höhen- und Entfernungsmessern, sowie Periskopen ausgerüstet.

16. *Ein zerstörtes Geschütz der Batterie v. Schröder nach dem Luftangriff v. 18./.19. 4. 1945*

17 cm Seezielbatterie Jacobson und der südlicher Inselbereich

Die **Jacobson-Batterie** (benannt nach dem ehemaligen Inselkommandanten von 1913) auf der Südwestseite der Insel gelegen im Süden des Oberlandes und über der Raumanlage errichtet, bestand aus drei 17 cm Turmgeschützen (S.K.L/40 in Drehlafette) mit einer Reichweite von ca. 20.100 m. Die Geschütze besaßen einen Bestreichungswinkel von 360°. Die Munitionierung lag bei 992 Geschossen, das Gewicht der Ladung betrug 62,8 kg und die Rohrneigung lag zwischen 0 und +30°. Die Geschütze waren von Krupp im Jahre 1904, vermutlich als Schiffsgeschütze hergestellt worden.[25]
Zu jedem Turm gehörte ein Munitionsraum, getrennt in einen Kartuschen- und Granatenlagerungsraum für 75 Granaten und einen Lüfterraum. Die zweigeschossigen Hauptmunitionsmagazine, für die Küstenverteidigungsgeschütze und die Flak-Batterie *Falm*, lagen auf der Ebene des Versorgungshohlganges.

Der Maschinenraum für die elektrische Versorgung der Batterie, war ebenso, wie ein Teil der Hauptmunitionsräume, am südöstlichen Ende des Festungswerkes untergebracht und mit dem Hohlgangsystem der Batterie *Jacobson* verbunden.

Auch zu dieser Batterie gehörte ein FuMO 214 (*Würzburg-Riese*), das außer der optischen Entfernungsmesser, die elektrische Ortung übernahm.

Zu dem **Festungswerk Jacobson**, bestand ein Hauptzugang durch einen Versorgungstunnel, der an die 1 - m Verbindungsbahn angeschlossen war. Dieser Tunnel erreichte die Batterie unterhalb des 17 cm Geschützes Nr. 1 und links abbiegend, fühte er zwischen den 17 cm Geschützen 1 und 2 in nordöstlicher Richtung, bis er ein "T" formte und Anschluß an den Verbindungstunnel fand, der zu der Flak-Batterie *Falm* führte, die jedoch nur teilweise mit dem Festungswerk verbunden war. Ein zweiter Eingang befand sich östlich des Geschützes Nr. 3. Die Zugänge zu dem Festungswerk wurden nach außen hin mit elektrisch betriebenen Panzertüren geschlossen. Im Innen-

17. *Einer der drei 17 cm Türme der Batterie Jacobson*

bereich bestand außerdem eine zweite gepanzerte, durch Handbetrieb bedienbare Absperrung.[26]

Abzweigend von diesem Versorgungshohlgang lagen mehrere Räume auf verschieden Ebenen, zusammen mit Durchgängen und Treppen, die zu weiteren Räumen oberhalb und unterhalb dieses Hohlganges führten.

Der Zugang zu den 17 cm Geschützen war vom Versorgungshohlgang durch Treppen erreichbar, die durch schwere Panzertüren gesperrt werden konnten. Die übrigen Räume bestanden aus Büros, Schlossereien, Elektrowerkstätten, Schmieden, Transformatorenräumen, Kühl- und Vorratsräumen, Unterkunftsräumen, Belüftungsanlagen, Auswerteräumen, Speiseräumen, Bäckereien und Küchen, Verbandräumen und Aufenthaltsräumen.

Die Artillerie- und Maschinenwerkstatt, auf der Westseite des Haupthohlganges gelegen, war durch die Schmalspurbahn an das Verkehrssystem angeschlossen und perfekt ausgestattet.

18. *Marinesoldaten im Festungswerk beim Kartoffelschälen*

So befanden sich in der Schmiede ein Schmiedeherd, Amboß, Lufthammer, Werkbänke und ein fahrbares Schweißaggregat, in der Artillerie- u. Maschinenwerkstatt ein Kurzhobler, eine Drehbank, Schleifmaschinen, Bohrmaschinen und Werkbänke. Ähnlich war auch die Elektrowerkstatt ausgerüstet. Zu diesem Komplex gehörten auch ein Batterie-Geräteraum für die Flak-Battr. *Falm*, ein Laderaum für die Akkus, ein Werkzeugraum, sowie die Unterkunft für 12 Mann der Stör- und Reparaturtruppe mit Wasch- und Duschräumen sowie Toiletten.[27]
Auf der gegenüberliegenden Ostseite befanden sich die Unterkunftsräume der Offiziere und Mannschaften, die Küche und ein Verbandraum. Auch wurden hier die bei der Desarmierung teilgesprengten oder nur aufgefüllten Anlagen der Vorkriegszeit wiederhergestellt und in die Bauten einbezogen. Oberirdisch waren nur die Geschützbettungen mit den Geschütztürmen und die Lüfter für die unterirdischen Räume zu sehen.

Die Belegung des gesamten Festungswerkes sollte bei 180 Unteroffizieren und Mannschaften liegen. Verkehrsflure und Treppenhäuser verbanden die einzelnen Stockwerke miteinander und besaßen auch einen Aufgang an die Oberfläche der Insel, der gleichzeitig als Notausgang diente.

Die Wasserversorgung für Waschwasser bestand, wie uns Zeitzeugen berichten, aus schlecht schmekkendem Brackwasser.

Eine Großbäckerei, neben der Artilleriewerkstatt gelegen, versorgte die gesamte Inselbesatzung. Die komplette Ausstattung für die Großbäckerei wurde von der Firma Haagen & Rinau aus Bremen geliefert und Ende 1939 eingebaut. Die Kosten dafür beliefen sich allein für die Geräte auf rd. 57.000 RM. Der Einbau kostete weitere rd. 9000 RM. Drei elektrisch beheizte Doppelauszugs-backöfen mit einer Herdgröße von je 3,25 x 1,63 m konnten mehrere hundert Brote am Tag backen.[28]
Die Küche im Festungswerk *Jacobson* war allerdings nur für die Batterie selbst und die Flak-Batterie *Falm* zuständig.

Ein elektrischer Aufzug für die Munition und eine eiserne Leiter verbanden die Batterie *Jacobson* und das Haupthohlgangsystem mit der Raumanlage 42 m unter ihr.
Einige Meter weiter, westlich am Klippenrand, befand sich der **Hauptleitstand** der Batterie mit mehreren Räumen und drei Etagen, teilweise in die

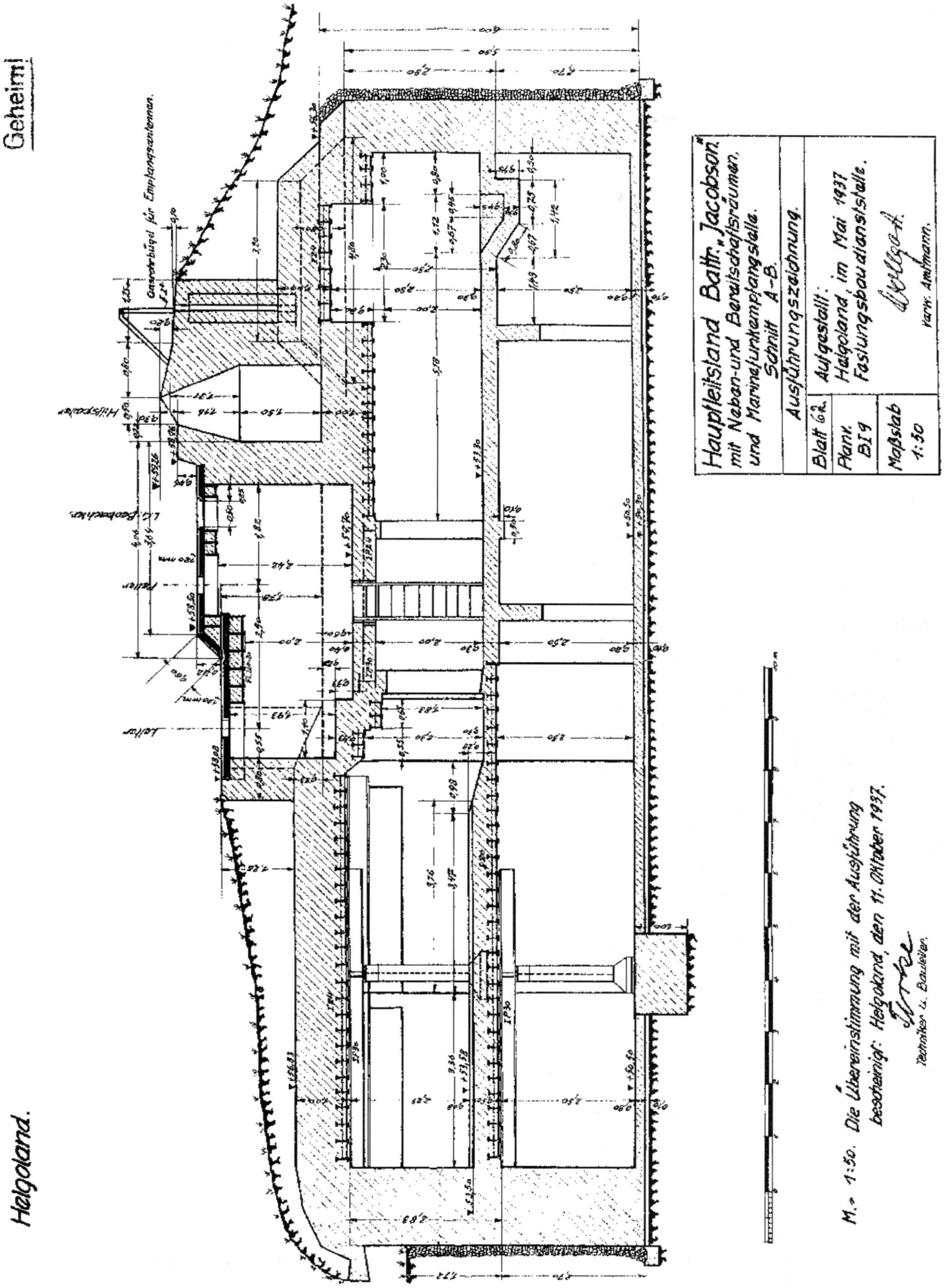

19. *Schnitt durch den Hauptleitstand der Jacobson Batterie*

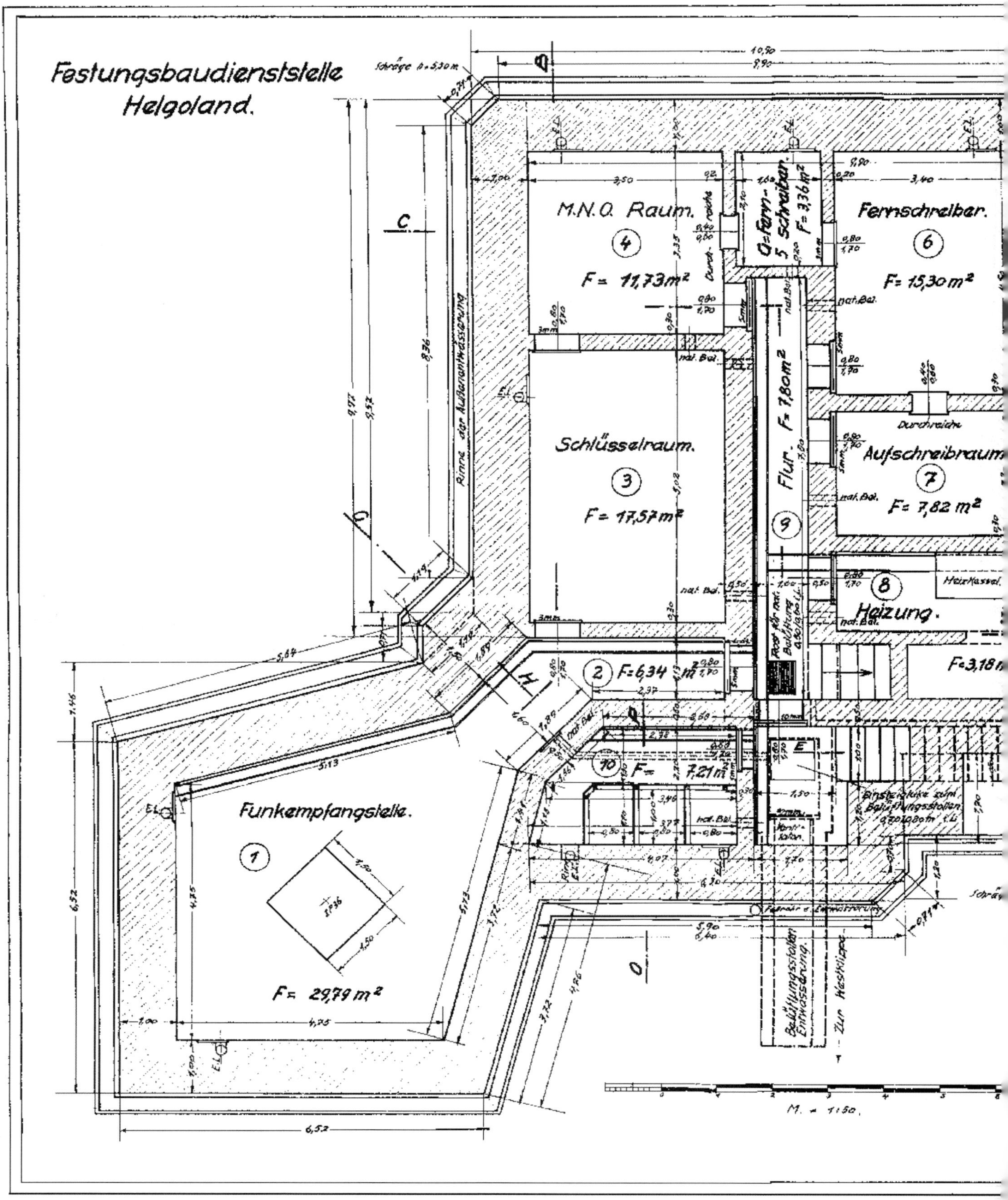

20. *Hauptleitstand der Batterie Jacobson: Grundriß des Untergeschosses*

Erde versenkt. In ihm waren auch die Offiziere und Mannschaften für dessen Funktion untergebracht.[29] Der 1937 errichtete, dreigeschossige Bau, der gleichzeitig auch als Marinefunkempfangstelle der Insel diente, bestand aus folgenden Räumen: Im obersten Geschoß befand sich der Parallaxrech-

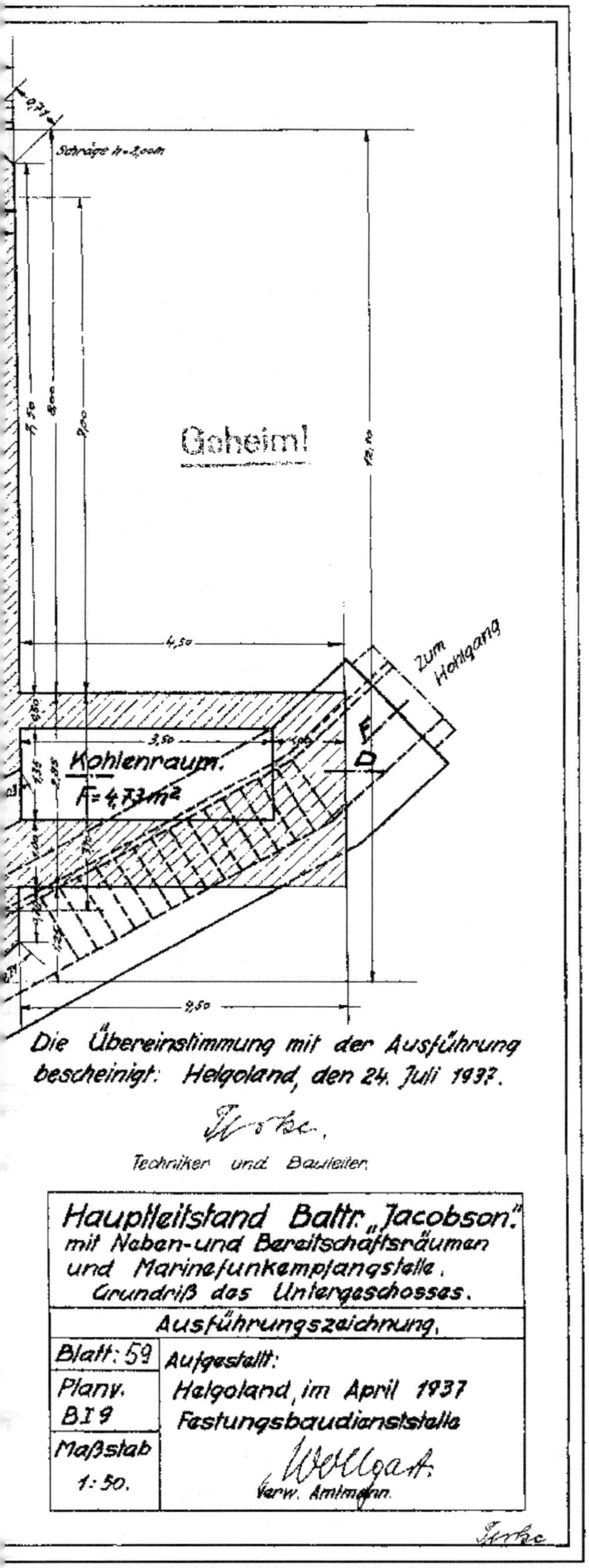

ner und ein Schacht für den Hilfspeiler, sowie der Zugang zu einem Notausgang. Die Decke bestand aus 12 cm starken Stahlplatten. Durch eine Klappe im Boden und mit einer Leiter, gelangte man in die mittlere Etage, in der sich ein Bereitschaftsraum, die Artillerie-Funkstelle, ein Offiziersraum und ein Kleingeräteraum befand, weiterhin der Entfernungsmeßraum mit dem Entfernungsmesser mit einer Basis von 6 Metern. Auf diesem Geschoß befand sich auch der direkte Zugang nach außen.

Über eine Treppe gelangte man vom Flur dieses Geschosses in die unterste Ebene, die Zugang durch eine weitere Treppe zum Hohlgangsystem besaß.

In dem Untergeschoß lagen die Funkempfangsstelle, der Schlüsselraum, der M.N.O.-Raum (Marinenachrichtenoffizier) mit einer Durchreiche zu dem G-Fernschreiber (Geheimschreiber), für verschlüsselte und geheime Nachrichten, einem weiteren Fernschreiber und einem Aufschreiberaum.

Eine Heizung mit einem Kohlenraum sorgte für die erforderliche Erwärmung des Bunkers. Erstaunlich ist auch hier die geringe Baustärke der Wände und der Decken, die nur aus 1 m stark armiertem Beton bestand.

Der Aufzug und die Aufteilung des Hauptleitstandes erinnert sehr stark an den eines Schiffes.

Ein weiterer Peilstand für diese Batterie befand sich im Bereich des *Peilstandes Nord* am äußersten Nordwestteil des Insel. Ein zusätzlicher südlicher Peilstand für die Batterie *Jacobson* lag am Hafen im Unterland.

Auch die Seezielbatterie *Jacobson* war durch eine **10,5 cm Flak-Batterie** (**Falmbatterie**) gesichert, die aus vier Geschützen bestand, die in offenen Ständen lagen. Lediglich das Geschütz Nr. 3 besaß Anschluß an den Haupthohlgang und dem dazugehörigen Bereitschaftsraum.

In der oberen Bunkeranlage befanden sich neben weiteren Unterkünften auch ein sogenannter *Mecketisch*, der der Datenauswertung für die Schießdaten diente. Auch hier war zusätzlich ein eigener Flakleitstand (Dreiwag Kommandogerät 36), in der Mitte des Batteriegeländes gelegen, und leichte Flak vorhanden.

Das Dreiwalzenkommandogerät errechnete jedoch nur dann die richtigen Werte, wenn das Ziel geradeaus flog (Tangentenwerte). Alle Werte wurden an die Geschütze elektrisch oder fernmündlich übertragen, die nach Folgezeigern laufend nachgerichtet wurden. Die Zündereinstellmaschinen stellten die Zünder der Granaten automatisch ein. Zum Kommandogerät 36 gehörte ein Entfernungsmesser mit einer vier Meter langen Basis. Die vier Geschütze waren, wie die oben bereits beschriebenen

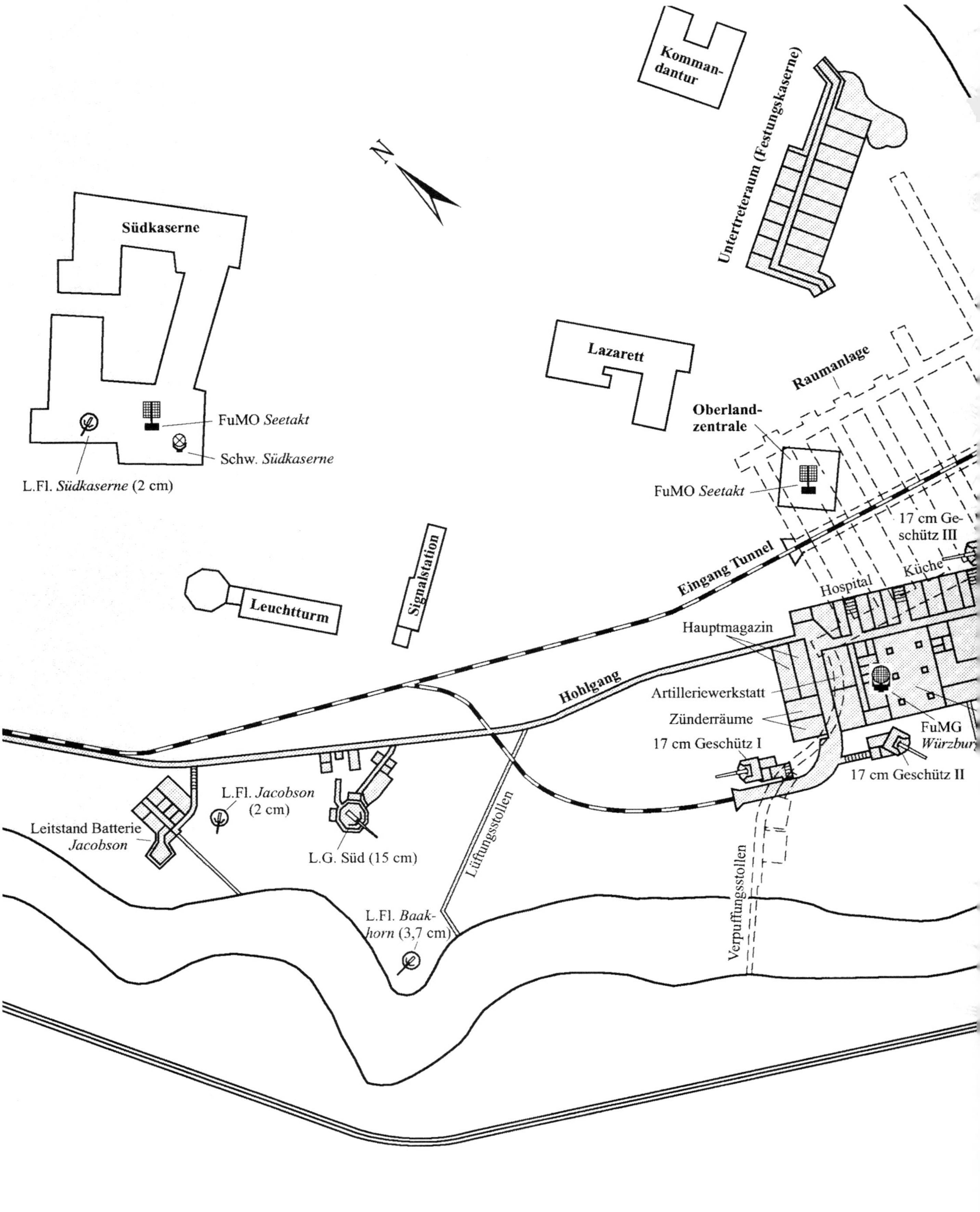

21. *Übersichtsplan des Südteils der Insel mit den Batterien Jacobson und Falm*

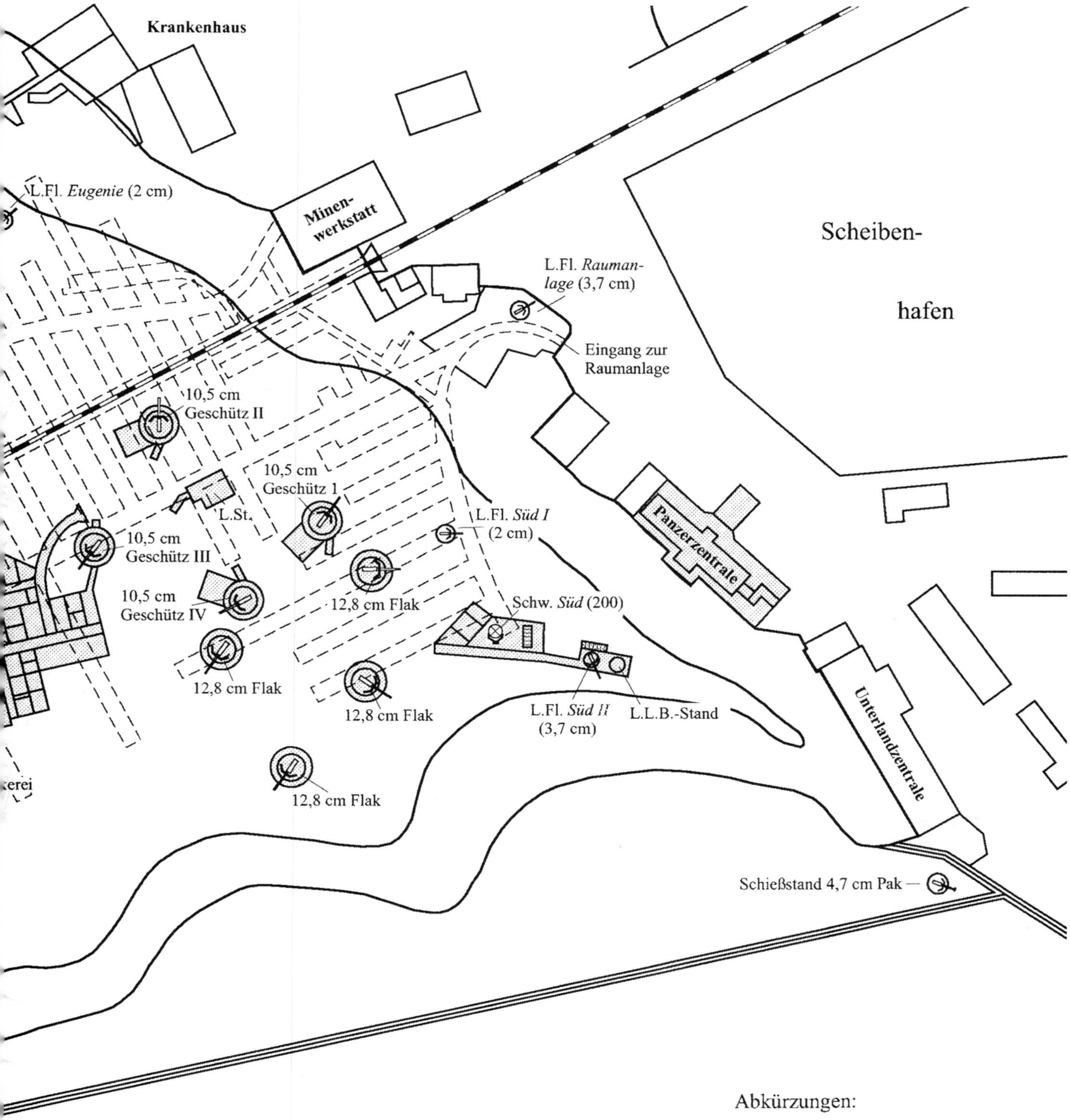

Abkürzungen:

Schw.	Scheinwerfer
L.Fl.	Leichte Flak
L.G.	Leuchtgeschütz
L.St.	Leitstand
L.L.B.	Langbasisbeobachtung

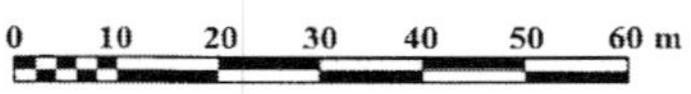

22. *Marinehelfer an einem 12,8 cm Geschütz der Falmbatterie nach dem Angriff vom 18./19. 4.1945*

23. *Westklippenflak - Geschütz beim Übungsschießen*

Flak-Batterien, mit Folgezeigerübertragung vom Leitstand (Dreiwag Kommandogerät 36) für Höhe, Seite und Zünderstellmaschine in der seitlichen Bettung ausgerüstet.

Die Bereitschaftsmunition war in seitlichen, an den Geschützbettungen angebauten und mit ihnen verbundenen Munitionsräumen untergebracht. Die Mannschaften lagen teilweise auch in Holzbaracken innerhalb des Batteriegeländes. Die Batteriekantine lag am Falmweg.
Untereinander waren alle Flak-Batterien der Insel durch Fernmeldekabel verbunden.

Ein FuMO *Würzburg-D* für die Schießdaten und eine Scheinwerferstellung am westlichen Rand der Batterie ergänzten die Stellung.

Eine zusätzlich geplante **12,8 cm Flak-Batterie** bestehend aus vier 12,8 cm, teilautomatischen Marine-Fla-Kanonen in Doppellafette, die erst Anfang 1945 aufgestellt wurde, sollte später die Wirkung der Luftverteidigung verstärken. Sie kam jedoch nicht mehr zum Einsatz.

Nördlich des Hauptkomplexes der *Jacobson Batterie*, durch einen Stichgang an den Haupthohlgang angeschlossen, lag ein in offener Bettung liegendes, nicht verbunkertes **15 cm Leuchtgeschütz**, mit zwei Reservemunitionsräumen am Hohlgang. Für die Bedienungsmannschaft, aus 12 Mann bestehend, war ein besonderer Unterkunftsraum von 21,39 qm Fläche am Geschütz vorgesehen. Die Ersatzmannschaften waren im Festungswerk *Jacobson* untergebracht.

An der äußersten Südspitze des Oberlandes lag neben dem ehemaligen alten und erhalten gebliebenen versenkbaren Scheinwerferbau Süd aus dem Ersten Weltkrieg, ein **Fla.M.W.-Stand** (Flugabwehrmaschinenwaffen) mit einer Eisenbettung für 3,7 cm S.K.C/30 und 2 cm Flak 30.

Im dazugehörigen **L. B. B.- Stand** (Langbasisbeobachtung) lagen ein Bereitschaftsraum für 6 Mann, ein Arbeitsraum für die L.B.-Bedienung, ein Raum für die Einlagerung von Munition und Geräten, sowie ein weiterer Raum für die Unterbringung des Führers der Fla.M.W. Ein Abort mit Torfstreuklosett und ein Urinierbecken waren die primitiven sanitären Ausstattungen. Für die Versorgung des Standes mit Süßwasser war über einem Waschbecken der Einbau eines Behälters für 450 l Süßwasser vorgesehen.[30]

Westklippe

Die Batterie **Westklippe**, die ehemalige Flak-Batterie **Tanganjika**, zwischen den Batterien *von Schröder* und *Jacobson* gelegen, bestand aus vier 10,5 cm Fla-Geschützen, und leichten Fla-Waffen, ähnlich der Batterie *Nordspitze*. Die Geschütze waren in offenen Bettungen aufgestellt. Die Batterie verfügte über einen Leitstand für ein gepanzertes Kommandogerät 36 mit eigenem Höhen- und Entfernungsmeßgerät und einem östlich gelegenem FuMO *Würzburg-Dora*, das mit dem Kommandogerät verbunden war. Die Batterie war nicht an das Hohlgangsystem angeschlossen. Die Bedienungsmannschaften waren im Leitstand und in Baracken auf dem Batteriegelände untergebracht.

1943 wurde noch ein großes, unterirdisches Munitionsmagazin gebaut, das nördlich des Batteriegeländes lag.

24. *Bedienung an einem 150 cm Flakscheinwerfer*

Schnitt A - B

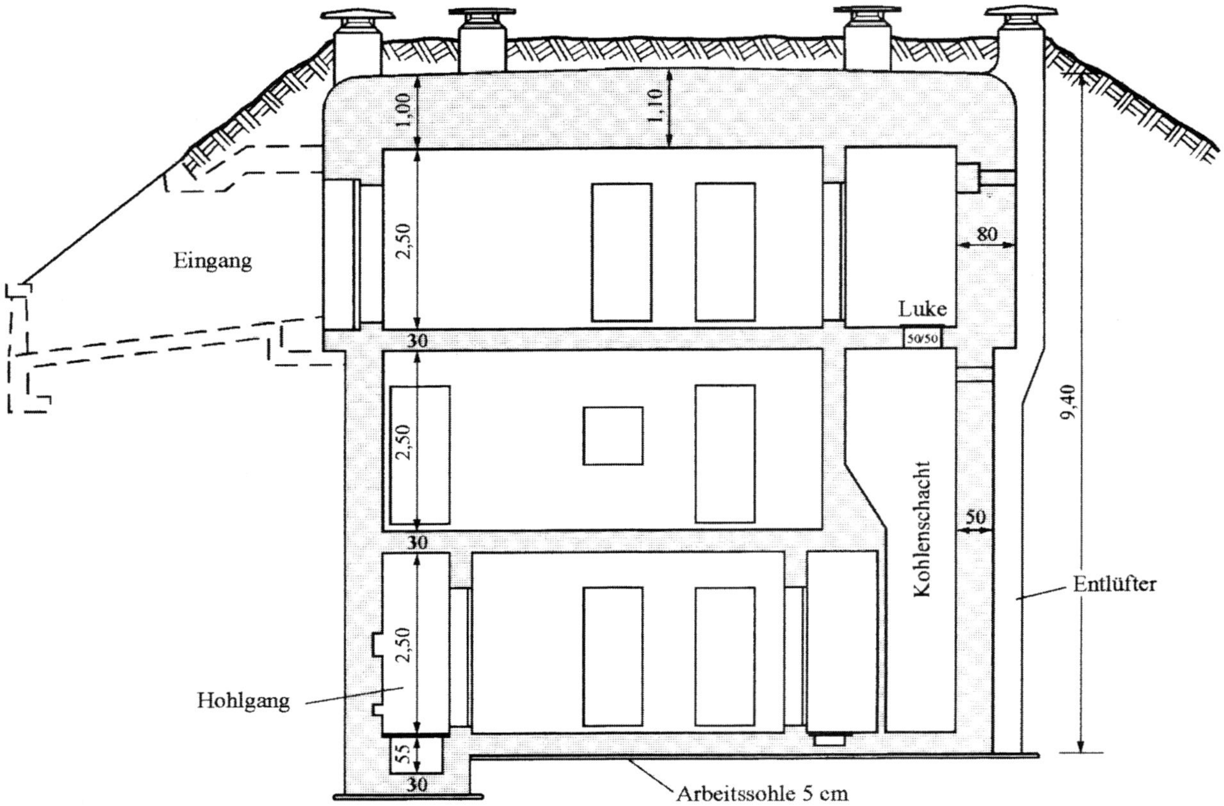

Maßstab 1:100

Untergeschoß mit Hohlganganschluß

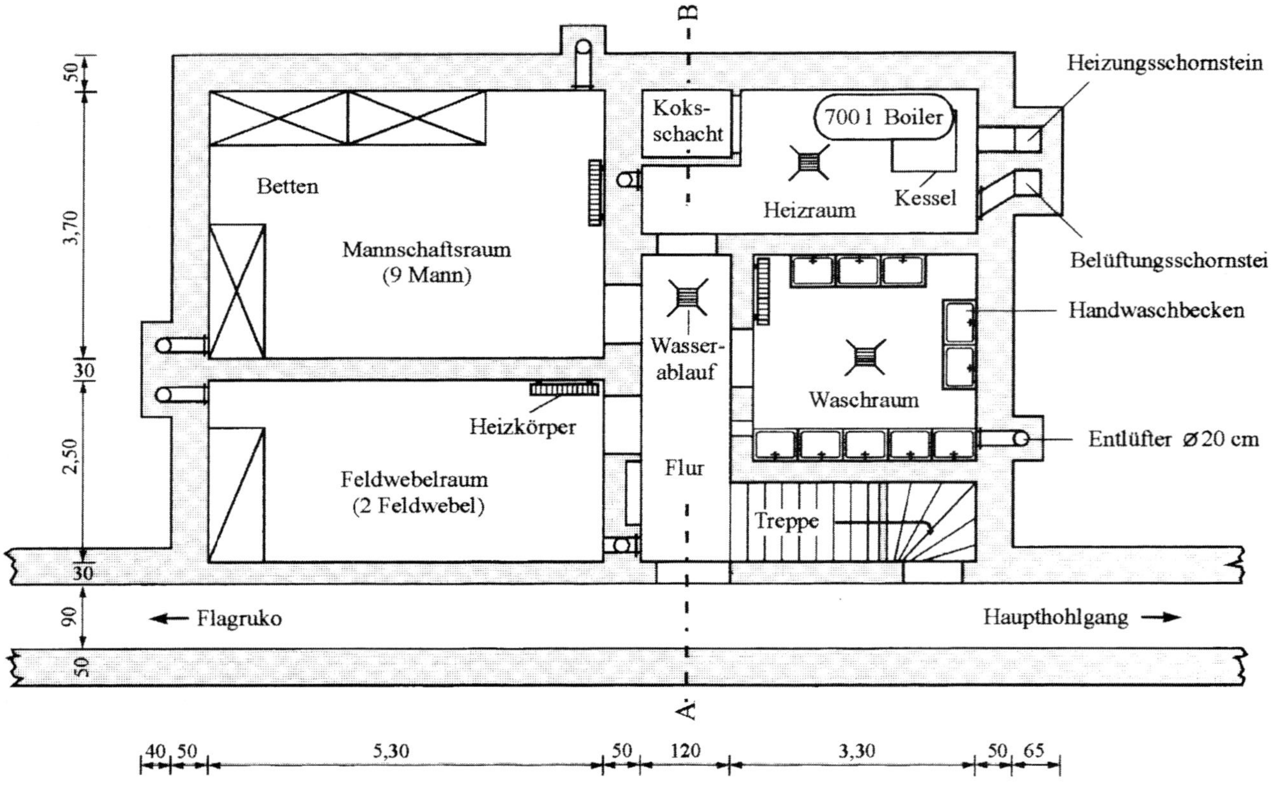

25. *Schnitt und Plan Untergeschoß des Unterkunftsbunkers des Flagruko*

Die Befehlszentralen Flagruko und Untertreteraum

Ungefähr in der Mitte der Insel befand und befindet sich noch heute der sogenannte Rote Turm, der jetzt als Leuchtturm dient und als einziger deutlich sichtbarer Überrest der militärischen Bauten die Sprengung und Bombardierungen, wenn auch mit Beschädigungen, überstanden hat.

Dieser schwer armierte Turm diente als **Haupt- und Flakbefehlsstand** (**Flagruko**) sowie Feuerleitstand der Festung Helgoland. Gleichzeitig wurde er auch als Beobachtungsstand und Auswerteraum der Inselverteidigung genutzt.[31]

Von hier aus wurden auch die einzelnen Leitstände der Inselflak und der Küstenbatterien mit den notwendigen Daten versorgt, wie auch umgekehrt. Im Untergeschoß befand sich eine Telefonzentrale. In einem englischen Sprengbericht wird auch ein betonierter, 3500 l fassender Frischwassertank im fünften Stockwerk erwähnt, der wohl als Druckwasserbehälter diente.

Einige Meter westlich von ihm entfernt, liegt ein noch heute erhaltener großer unterirdischer Bunker, der als **Unterkunftsraum des Flagruko** für sechs Unterofffiziere, zwei Feldwebel und 45 Mannschaftsdienstgrade diente.

Diese Anlage mit den Grundmaßen von 7,30 x 11,30 m besteht aus drei Stockwerken. Die unterste Etage ist mit dem oberen Tunnelsystem und dem Flakbefehlsstand (Flagruko) durch einen Hohlgang verbunden. Im untersten Geschoß befinden sich der Heizraum, ein Waschraum und zwei weitere größere Räume, die als Unterkunftsräume für zwei Feldwebel und 9 Mannschaftsdienstgrade dienten. Die nächst höhere Etage, die wiederum durch eine Treppe mit dem Obergeschoß verbunden ist, barg den Unteroffiziersraum und wiederum zwei Mannschaftsräume für je 9 Mann. Im obersten Stockwerk lagen die Aborte und der Kohleeinwurfschacht, sowie zwei weitere Unterkünfte für Mannschaften. Der gesamte Bunker liegt in der Erde und dem Felsen versenkt, lediglich die letzte Etage ragt über den Boden auf und ist mit Erde beschüttet. Nur hier besteht ein Ausgang an die Oberfläche.

Die Höhe des Bunkers ab der Basis des Hohlganges beträgt immerhin 9,10 m.

An den Seiten sind heute noch die Lüftungsschächte zu erkennen, die den Bunker mit der nötigen Zu- und Abluft versorgten.

Die erstaunlich geringe Außenwandstärke von teilweise nur 80 cm verweist auf eine Planung des Bauwerkes aus dem Beginn der Befestigungsarbeiten, ebenso die dünne Decke mit 1,0 - 1,10 m Stärke. Lediglich das Obergeschoß war seitlich geringfügig verstärkt. Die erhaltenen Baupläne datieren allerdings erst aus dem Jahre 1941, was noch erstaunlicher ist, eben auf Grund der geringen Stärke. Im Jahre 1936 wurden die errichteten Westwallanlagen in ähnlicher Baustärke gebaut. Ab 1938 wurden bis 1945 wesentlich stärkere Wand- und Deckenstärken verwendet, die bis zu 3,50 m Wandstärke erreichten.

Zwischen dem heutigen Leuchtturm und dem Flagruko-Bunker liegt eine Pumpanlage mit einem Pumpenraum, unter dem sich eine Zisterne befindet, die den Flagruko-Bunker und den Flagruko-Turm versorgte.[32]

Der ostwärts und in der Nähe gelegene, im Ersten Weltkrieg gebaute zweistöckige, unterirdische **Untertreteraum**, im Garten des ehemaligen Gouverneurshauses, der als Hauptbefehlsstand der ehemaligen Festung diente, wurde bei der Desarmierung 1920 nicht zerstört. Lediglich die Kommandeurstände wurden mit Beton aufgefüllt.

Dieser, als **Festungsbunker** bezeichnete Bau, wurde sogleich wieder in die Planungen der Marine mit einbezogen. Nach dem Bauentwurf vom Februar 1936 war in den etwa 28 Räumen folgende Aufteilung geplant:

Im Obergeschoß waren der Inselkommandant, die Kommandozentrale, das Flagruko, ein Verbandraum, die Funksendestelle der Insel, die Küstenhorchanlage und die Schreibstube der Flak-Kompanie mit den erforderlichen Unterkünften für das Personal untergebracht. Aborte und Waschräume waren selbstverständlich vorhanden.
Im Untergeschoß lagen die Küche mit ihren Vorratsräumen, die Heizungs- und Maschinenanlage, die Vermittlung und weitere Unterkunftsräume, sowie weitere Aborte, Dusch- und Waschräume.[33]

26. *Blick vom Flagruko auf den Südhafen. Etwa in der Mitte die Oberlandzentrale mit einem FuMO Seetakt - Gerät.*

Im Obergeschoß führten zwei Ausgänge an die Erdoberfläche. Ein Anschluß an das Hohlgangsystem der Festung war nicht vorhanden.
Die Funktionsräume des Untertreteraumes wurden mit Fertigstellung des Flagruko-Turmes später dorthin verlagert.

Neben dem Windenhäuschen für den Schrägaufzug lag der Maschinenraum der **Oberlandzentrale** (OZ). Diese Elektrozentrale wurde in den Jahren 1926-1928 im Auftrag der Marinewerft Wilhelmshaven gebaut. Später wurde diese Zentrale an das Reichsbauamt abgegeben und danach an das Marinebauamt. Bis etwa 1938/39 wurde von hier aus die gesamte Insel mit Strom versorgt.

Auf dem Dach befand sich, bis zur Fertigstellung des Flagruko, der Feuerleitstand der Insel, später der Nachtleitstand mit einem Horchgerät, sowie ein Funkortungsgerät *Seetakt*.[34]

Die Versorgung der Öltanks der Oberlandzentrale und der Dieselmaschinen in der Batterie *v. Schröder* erfolgte über den Schienenweg. Eine Diesellokomotive zog die Loren mit den Tanks, die später durch Tankwagen ersetzt wurden, vom Hafen durch den Tunnel, bis vor das Kraftwerk, um dort an feste Tankanschlüsse angeschlossen zu werden.

Die Besatzung und die Marinehelfer

Die Bedienungen der Flak-Batterien gehörten der MaflA 242 (Marineflakabteilung) an und verteilten sich auf die einzelnen Batterien wie folgt:

1. Batterie: Stabsbatterie im *Flagruko*
2. Batterie: *Falm*
3. Batterie: *Nordspitze*
4. Batterie: *Westklippe*

Ab 1943/44 wurden den Flak-Batterien, wie auch den schweren Küstenbatterien auf der Insel, Marinehelfer zugewiesen, die aus Oberschülern der Jahrgänge 1927/28 und später aus Realschülern und Lehrlingen (sogenannte Flak-V-Soldaten) bestanden. Die Marinehelfer unterlagen einerseits dem Jugendschutzgesetz, was zum Beispiel bei der Verpflegung und Verbot von Tabakwaren berücksichtigt wurde. Andererseits wurde von Ihnen der gleiche Einsatz wie von normalen Soldaten verlangt. Sie wurden in geschlossenen Schulklassen aus ihren Heimatschulen mit einigen ihrer Lehrkräfte zur Marine abgeordnet. Da der Schulunterricht die einzige Abwechslung auf der Insel war, wurde er gern und intensiv genutzt. Einige, z.B. der spätere General W. Altenburg besuchten in der Gemeinde Helgoland den Konfirmandenunterricht. Im Gegensatz zu den Marinehelfern auf dem Festland trugen die Marinehelfer auf Helgoland keine HJ-Armbinden und hatten auch nicht den allgemein üblichen HJ-Dienst.

Diese Kinder und Jugendlichen sollten Mannschaften ersetzen, die zum Einsatz zumeist an die Ostfront eingezogen wurden.

Ihre Aufgabe war der Dienst an den Flak-Geschützen, in den Leitständen, sowie als Melder und Telefonisten. Aber auch in den Seezielbatterien

27. *Der Kommandeur der 242. MFlaA und der Batteriechef der Falm Batterie schreiten die Front angetretener Marinehelfer ab. Im Hintergrund ein FuMO Würzburg-Riese- Gerät.*

v. Schröder und *Jacobson* wurden diese Jungen mit eingesetzt. Ebenso fanden Marinehelferinnen in der Verwaltung und bei der Flugwacht Verwendung.

Die Marinehelfer auf Helgoland stammten im wesentlichen aus Pommern, Schlesien, Schleswig-Holstein, Bremen und Hamburg.

Gegen Ende des Krieges, ab den Jahren 1943/44 bestanden die Flakkompanien auf der Insel vorwiegend aus kriegsversehrten Offizieren und Mannschaften, so daß eine Kompanie oft zu mehr als zwei Drittel aus Marinehelfern und willigen russischen Kriegsgefangenen bestand, die auch an den Geschützen eingesetzt wurden.
Der schwere Angriff auf die Insel am 18.4.1945 forderte gerade bei den jungen Marinehelfern schwere Verluste. Die genaue Zahl der Toten und vermißten jungen Soldaten ist bis heute immer noch nicht genau bekannt.

28. Überlebende junge Schneidemühler Marinehelfer vor einem zerstörten 12,8 cm Geschütz nach dem Großangriff.

Das Hohlgangsystem und die unterirdischen Anlagen

Der hochaufragende Fels des Oberlandes erlaubte die Konstruktion von tiefen und weiträumigen unterirdischen Anlagen, die als Lagerräume für explosives und nichtexplosives Material, zusammen mit Werkstätten, Unterkunftsräumen, Vorratsräumen, Elektrozentralen, Verbandräumen, Luftschutzanlagen und als Verbindungsgänge dienten.

Vier Arten von Stollensystemen, mit insgesamt etwa 13,7 km Gesamtlänge, wurden in den Felsen gebaut.

Die am tiefsten liegende sogenannte *Raumanlage* im Süden mit den Eingängen im Unterland, beinhaltete u.a. das Hauptmunitionslager der Insel.

Das *Obere Tunnelsystem* lag relativ dicht unter der Oberfläche. An ihm lagen die Magazinräume, Arbeitsräume, Werkstätten, Versorgungsräume usw. der Batterien, und es diente als Verbindungshohlgang von Norden nach Süden zwischen der *v. Schröder*- und *Jacobson*-Batterie (1997 wurde durch grabende Kinder ein etwa 300 m langes unzerstörtes Teilstück dieses Haupthohlganges freigelegt, das jedoch sofort wieder, leider ohne dokumentiert zu werden, verschlossen wurde).

Die *zivilen Luftschutzanlagen* für die Bevölkerung lagen auf der Süd- und Ostseite der Insel und erstreckten sich von der Spirale an der Ostklippe bis zur Raumanlage auf der Westseite über mehreren Ebenen.

Ein *Kabelbahntunnel* (Schrägaufzug) verband das Unterland mit dem Oberland und versorgte die dortigen Verteidigungsanlagen.

Das **Obere Tunnelsystem** erstreckte sich auf der Westseite der Insel von Süden bis Norden über nahezu deren ganze Länge. Es lag zwischen drei und fünfzehn Meter unter der Oberfläche des Oberlandes und verband die Batterie *Jacobson* mit dem Festungswerk *v. Schröder* und endete am *Peilstand Nord*.

Alle Hohlgänge und Räume, des 1937/38 begonnenen Haupthohlganges, waren mit Beton ausgekleidet und an den verwundbaren, kritischen Zonen sehr stark mit Eisen armiert, besonders an den Decken zu den Munitionsmagazinen und den Eingängen der Zugangsstollen zu den Batterien. Ein Großteil dieser Gänge wurde in das alte Gangsystem aus der Kaiserzeit gelegt, das ausgegraben und wiederhergestellt wurde.

Unter den Hohlgängen lag ein zweiter kleinerer Hohlgang, der als Kabelgang für Wasser und Elektrizität diente.

Belüftungs- und Drainagestollen zweigten vom Hohlgangsystem zu mehreren Öffnungen an der westlichen und östlichen Felswand ab.

Die Bauausführung oblag der Firma Walter, die diese Hohlgänge nach dem von ihnen entwickelten System baute, dem sogenannten "System Walter". Eine Schmalspurbahn im Hohlgang, mit einer Spurweite von 60 cm, diente dem Material- und Munitionstransport zwischen den einzelnen Werken und Batterien. Die Transportwagen wurden durch Muskelkraft bewegt.

Dieses Haupthohlgangsystem war die Lebensader der Befestigungswerke. Die Kosten dafür beliefen sich in etwa auf 270.000 RM.

Der **Kabelbahntunnel** war die wichtigste Anlage, die das Unterland mit dem Oberland verband und damit die Versorgung der dortigen militärischen Einrichtungen. Der Eingang lag zwischen den beiden Zubringerstollen der Raumanlage. Der Tunnel stieg steil aufwärts an, um zwischen dem Geschütz Nr.1 der *Jacobson* Batterie und der Oberlandzentrale auf dem Oberland seinen Ausgang zu finden.

Der Tunnel, der bereits im Ersten Weltkrieg der gleichen Funktion diente und nicht zerstört, sondern nur verkleinert und durch Plomben verschlossen wurde, hatte eine ungefähre Länge von etwa 180 m und war an den Wänden und Decken mit Ziegelsteinen ausgekleidet. Im Inneren führte eine Kabel- und Zahnradbahn, deren Maschinen- und Windenhaus mit dem Zugseil sich am Ausgang des Tunnels auf dem Oberland befand, als Schrägaufzug zur Oberfläche. Von dort aus führten Gleise, nahezu parallel zum Hauptverbindungshohlgang, bis zum Nordende der Insel, um jeweils, durch Abzweigungen, an den Eingängen der Festungswerke bzw. den Munitionsmagazinen der einzelnen Geschütze der Batterie *v. Schröder*, zu enden.

29. *Blick vom Oberland in den Kabelbahntunnel. Deutlich ist das System des Zugseiles zu erkennen.*

Der Beginn dieser Bahnlinie lag auf der Marinemole am Scheibenhafen über die die Be- und Entladungen der Schiffe stattfand. Von dort aus verzweigten sich weiterführende Gleise zu der Raumanlage, um dort Munition, und Versorgungsgüter einzulagern, und zu den Hafenanlagen.

Öffnungen auf beiden Seiten im Inneren des Tunnels führten zu den Räumen der Raumanlage und zum unterirdischen Lazarett, von da aus zum Krankenhaus, und schlossen weiter zu den Luftschutzstollen der Zivilbevölkerung an.

Nach den ersten englischen Angriffen auf Helgoland wurden umgehend auch größere **Luftschutzanlagen** für die Zivilbevölkerung geplant und ab dem Jahre 1940 gebaut.

Während die Inselbevölkerung bei der Mobilmachung im Ersten Weltkrieg evakuiert wurde, geschah dies im Zweiten Weltkrieg anfangs nicht. Allerdings wurden die schulpflichtigen Kinder mit ihren Müttern und den Lehrern nach Luftangriffen im Mai und August 1941 nach Mittel- und Süddeutschland verschickt.[35]

Nach der Fertigstellung des ersten Bauabschnittes der Luftschutzanlagen, dienten zwei spiralförmige Tunnelanlagen, die sogenannte **Spirale** mit Eingängen am Nordosthafen, ab 1940/41 der Zivilbevölkerung als Schutz vor Luftangriffen. Sie bestand aus 2,50 m weiten Gängen, deren Eingänge sich im Unterland befanden und sich in steiler Form gegenläufig nach oben schraubten, um dort bei einem weiteren Eingang zu enden, der den Zugang für die Bewohner des Oberlandes ermöglichen sollte. In den Gängen standen Bänke für die Schutzsuchenden. Auf beiden Seite befanden sich seitlich kleine Räume, u.a. für Mütter mit Kleinkindern und Säuglingen, Verbandräume usw.
Von der *Spirale* ausgehend, erfolgte der zweite Bauabschnitt zum Fuß der Treppe im Unterland von etwa 107 m. Im 3. Abschnitt wurde wiederum von der Spirale aus der sogenannte **Fuchsbau** zum Schulbunker in einer Länge von etwa 166 m gebaut. Die Arbeiten erfolgten von beiden Seiten gleichzeitig und wurden ebenfalls von schlesischen Bergarbeitern der Firma Walter ausgeführt.
Der **Weddigen Stollen** mit einer Länge von ca. 158 m wurde im Jahre 1943/44 gebaut, gleichzeitig mit dem **Unterlandstollen** als 4. und 5. Bauabschnitt.

Letzterer erlaubte die Fortsetzung des zweiten Bauabschnittes mit einer weiteren Länge von etwa 155 m in westlicher Richtung.

Der 6. Bauabschnitt erfolgte 1944 in Richtung des unterirdischen Lazaretts und der Raumanlage, entlang der Südseite der Insel, durch eine Verlängerung des Zivilluftschutzstollens im Unterland (ca. 165 m) mit mehreren Zugängen und sollte Anschluß an die militärischen Anlagen bekommen.

Ein Teil dieser Eingänge ist heute noch im Bereich der Bremer Straße zu sehen.

Diese Luftschutzanlagen dienten der Helgoländer Bevölkerung zeitweilig als Hauptaufenthaltsorte, da die britische Air Force Helgoland als Markierungspunkt für ihre fast täglichen Einflüge in das Reichsgebiet benutzte. Wenn damals im Drahtfunk, an das nahezu jedes Haus in Deutschland angeschlossen war, das Quadrat *Anton Quelle II* genannt wurde, welches die Kennung für den Bereich Helgoland war, wurde der Alarm für die Insel ausgelöst. Dadurch hatte die Bevölkerung die Möglichkeit schnellstmöglich die Luftschutzbunker aufzusuchen.[36]

In der Spirale waren die zivile Leitstelle (Katastrophenstab), Luftschutzleitung und die Fernmeldezentrale untergebracht.

In den Stollenanlagen befanden sich elektrische, sowie auch manuell zu betreibende Belüftungen, Toiletten und Kanalisation, Küchenanlagen, sowie Räume mit Ruhebetten. Notstromdieselanlagen versorgten das Luftschutzsystem bei Ausfall der Elektrizität.

Die geschätzte Gesamtlänge des zivilen Bunkersystems betrug 750 m und konnte etwa 4000 Personen Schutz gewähren. Während des schweren Angriffs am 18.4.1945 war nahezu die gesamte Bevölkerung Helgolands in diesem Bunkersystem und konnte dadurch die Bombardierung überstehen. Der Eingang bei dem Schulbunker wurde zwar getroffen, aber die Decken hielten.

In einem Befehl vom 26.04.1945 wurde noch zur Verstärkung der Landabwehr- und Infanterieverteidigung der Insel im Falle einer gegnerischen Invasion geplant, in der *Spirale* automatische Waffen (sechs 2 cm) in die Scharten einzubauen.[37]

In den 60 er Jahren bestand im Rahmen der Kuba-Krise die Überlegung, die ehemaligen Luftschutzanlagen zu reaktivieren, womit teilweise auch tatsächlich begonnen wurde.[38]

Ein Teil dieser Luftschutzstollen ist noch erhalten und kann zeitweilig besichtigt werden.

30. *Heute noch erhaltener Luftschutzstollen neben der Kirche*

31. *Ansicht der Spirale mit ihren drei Eingängen im Juni 1942 (Bild: links)*

32. *Aufgespültes Nordost-Gelände mit Baustelleneinrichtungen und Unterkünften (Bild: unten)*

Das Unterland

Das im Rahmen des Projektes *Hummerschere* neu aufgespülte **Nordost-Gelände** wurde mit verschiedenen Einrichtungen zur Versorgung der Baustellen an der Nordmole belegt. Zur Unterbringung der Arbeiter entstanden hier Unterkunfts- und Wirtschaftsgebäude, die im Frühjahr 1940 größtenteils bezugsfertig waren.[39]

Über den neu angelegten *Nordosthafen* konnten die Baustoffe in Nähe der Lagerplätze angelandet werden, wodurch zusätzlich der Haupthafen entlastet wurde.

Wenige Meter westlich des *Nordosthafens* befanden sich die unteren Eingänge der *Spirale*, sowie weitere Zugänge zu den Luftschutzstollen entlang des Felsens in Richtung Süden.

Im weiteren, südlichen Verlauf gelangte man zum Kabelbahntunnel, der die Verbindung zwischen Unter- und Oberland herstellte. Beidseitig des Kabelbahntunnels befanden sich die Zugangsstollen zur Raumanlage.

Umgeben von einer Unzahl von Kammern, die von drei Hauptstollen abzweigten, war die **Raumanlage** nahezu horizontal in den Fuß des Felsen im Unterland getrieben worden. Der Ursprung dieser Anlage lag bereits vor dem Ersten Weltkrieg und sie wurde ab Februar 1937 erweitert und ausgebaut. Die Arbeiten dauerten bis zum Ende des Krieges an. Die Bauausführung unterlag der Firma Dipl. Ing. Walter und später auch der Firma Hagemann, unter Leitung des Bauingenieurs Scholz.

Das ganze System lag nur wenige Meter über der Hochwassergrenze des Meeres und etwa 53 m unter dem Felsen des Oberlandes.

Der Hauptzugangstunnel war ca. 250 m lang, begann nordwestlich der Marinemole an der Steilkante des Felsens und führte in nordwestliche Richtung. Parallel zu diesem Tunnel lag ostwärts ein zweiter Versorgungsstollen, der einen Zugang durch die Minenwerkstatt hatte und der mit dem unterirdischen Lazarett verbunden war.

Östlich vom Haupteingang abzweigend, befand sich ein kleinerer Stollen, der zu sechs Räumen führte, die mit A1 bis A6 bezeichnet wurden. Diese Depots dienten zur Unterbringung der Artilleriemunition.

33. *Unterkünfte und Wirtschaftsgebäude im Nordost- Gelände*

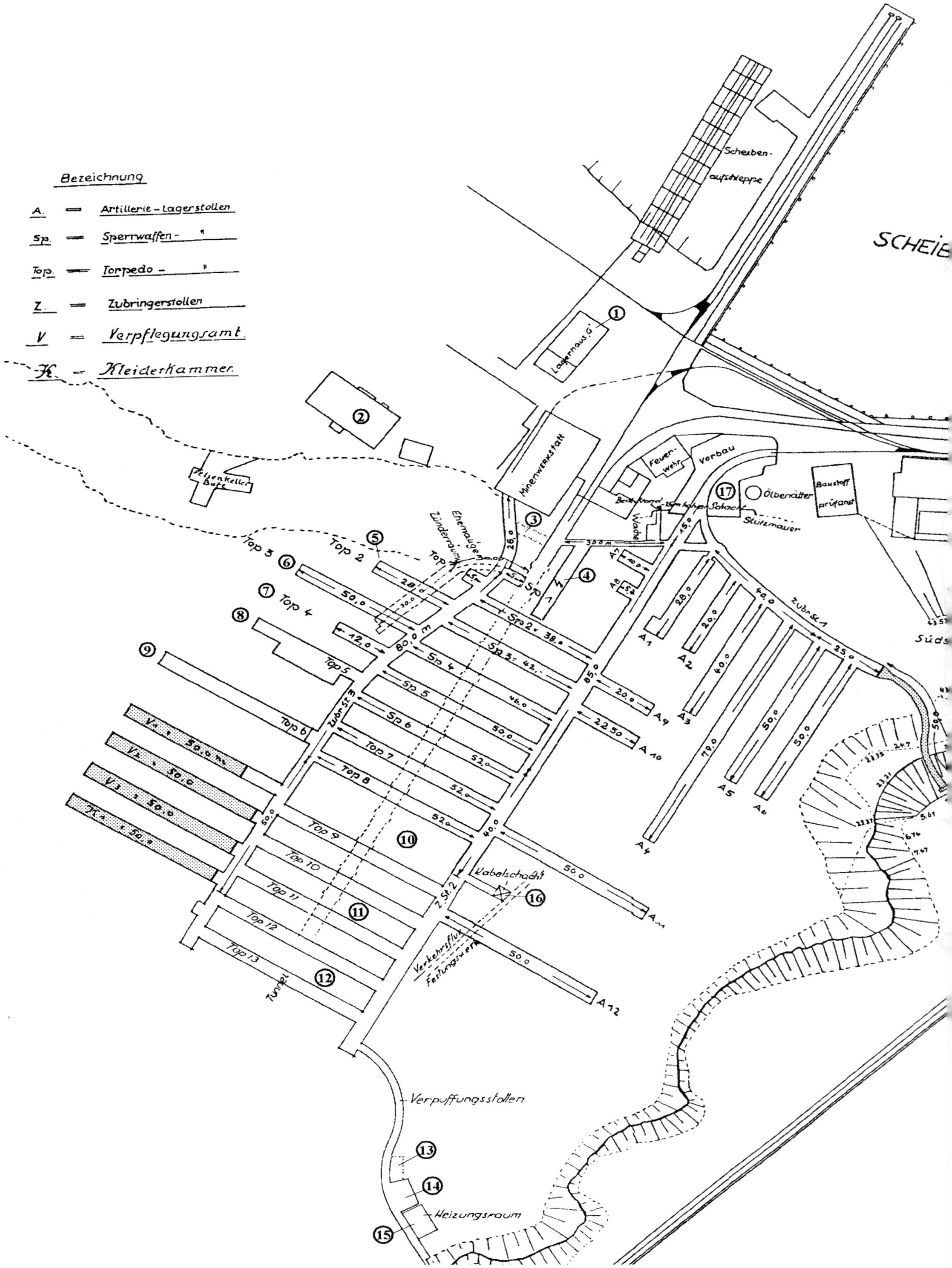

34. Ausbauplan der Raumanlage aus dem Jahre 1939. Bis zum August 1941 waren die Umbauarbeiten an den noch vorhandenen Stollen

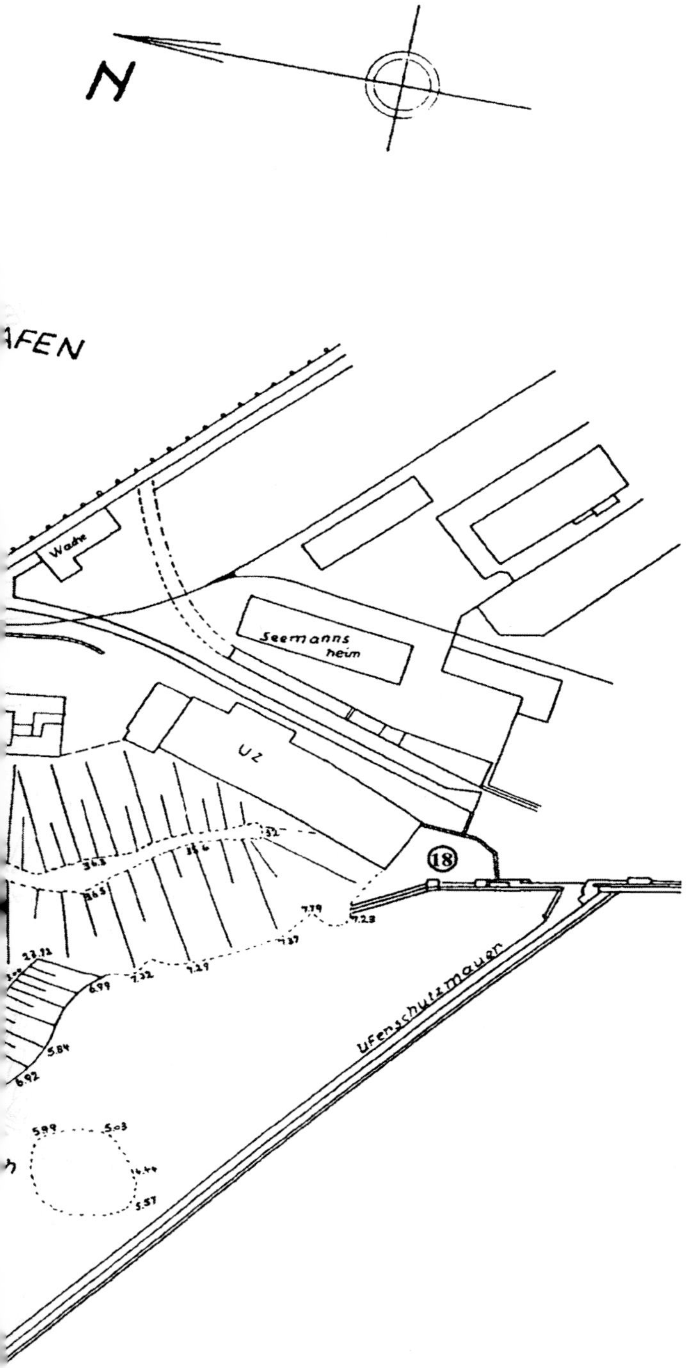

Ergänzungen:

1 "G" = Geschütz-Lagerhaus
2 Krankenhaus
3 Verbindungsstollen
4 Schaltstollen
5 Top. 2: Batterieladeraum für 30 Stellen
6 Top. 3: Batterieladeraum für 60 Stellen
7 Top. 4: Pistolenlager
8 Top. 5: Pistolen- u. Torpedoregelraum
9 Top. 6: Hospitaltunnel
10 Top. 7 - 9: Lager für jeweils 36 Torpedos
11 Top. 10 - 11: Nutzung durch Verpflegungsamt
12 Top. 12 - 13: Lager für jeweils 36 Torpedos
13 Kohlenraum (nach 1941)
14 Heizraum (nach 1941)
15 Ventilatorenraum (nach 1941)
16 Aufzugsschacht 2.20 x 2.60 m, 41.68 m hoch
17 Heizraum I
18 Seewasser

nicht ausgeführte Stollenabschnitte

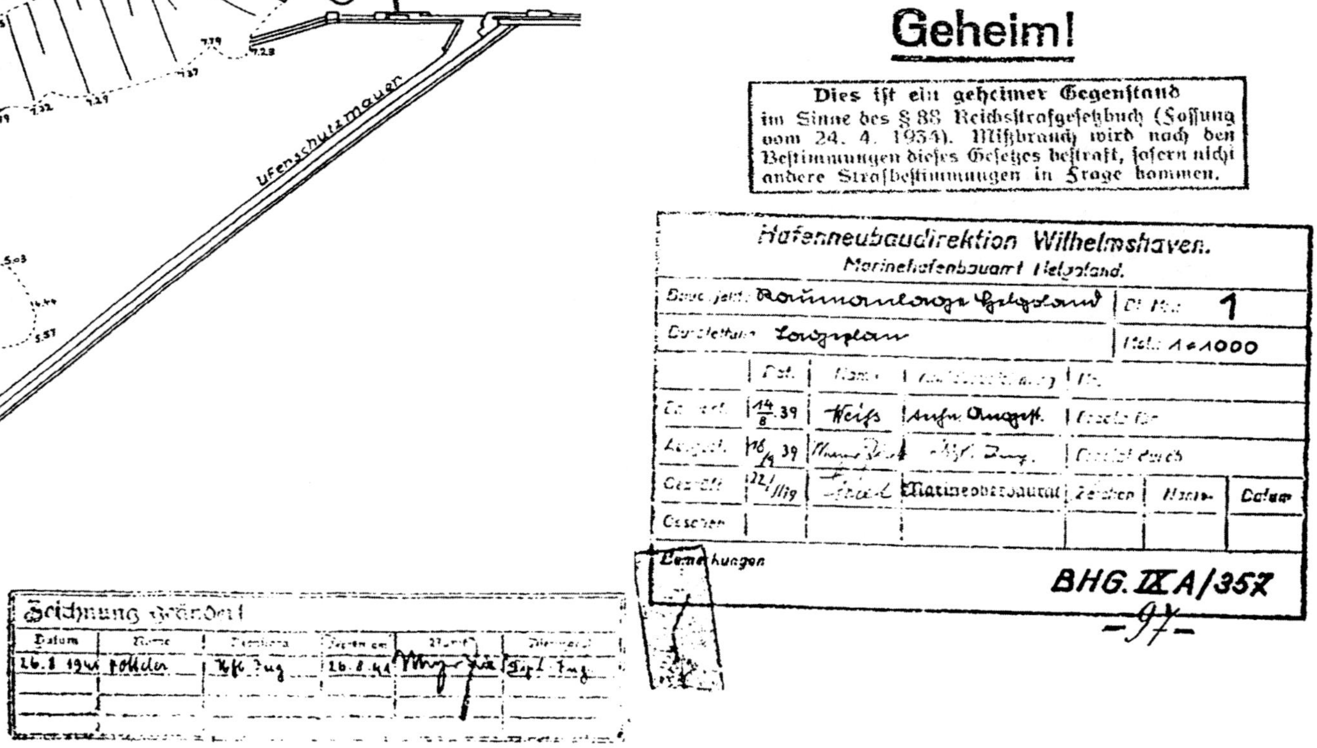

aus der Kaiserzeit größtenteils abgeschlossen und neue Stollen im Vortrieb.

35. *Laderaum für U-Boot-Akkumulatoren in der Raumanlage, aufgenommen am 23.10.1941*

36. *Zubringerstollen I der Raumanlage, deutlich sind die doppelten Geleise und die stählernen Schiebetüren an den Seiten zu erkennen*

Ein elektrisch betriebener Aufzug für Munition und eine eiserne Leiter verbanden diese Kasematten und die Raumanlage mit der *Jacobson* Batterie. In diesem Schacht, der erst im Juli 1942 im Rohausbruch fertiggestellt war, wurden auch Versorgungskabel nach oben geführt. Eine steile, schräge Rampe führte zum Kabelbahntunnel und weiter zum Hospitalstollen und den zivilen Luftschutzstollen, die sich auf der ostwärtigen Seite der Raumanlage befanden.

Die Wände der gesamten Raumanlage waren auf Grund der leichten Struktur des Felsens in einer Stärke von ca. 65 cm betoniert, jedoch nicht armiert, während die Deckenstärke etwa 38 cm betrug, und nur teilweise stahlarmiert war. Die Höhe der Räume lag bei etwa 4,0 m, die Breite zwischen 4 und 8 Metern. Die Decken der Lagerstollen waren mit Eisenbetonschalen ausgekleidet (*System Walter*).

In den Stollen befanden sich zusätzlich verschiedene Kammern, teilweise über zwei Etagen, die als Munitionslager, Batterieladeräume (für U-Boot-Akkumulatoren), Depots, Versorgungsräume, Unterkunftsräume, Büros und als unterirdisches Lazarett dienten. Die einzelnen Räume waren mit Stahlschutztüren gegen die Eingangsstollen verschlossen, um in einem Brandfall ein Überschlagen der Flammen zu verhindern. Auch befand sich die militärische Luftschutzalarmzentrale in der Raumanlage.

Ein Verpuffungsstollen endete an der westlichen Seite der Steilküste. Er sollte im Falle einer Explosion in den Munitionslagerstollen einen Teil des entstehenden Druckes nach außen führen. Darüber hinaus fungierte er als Be- und Entlüftungstunnel. Eine Klimaanlage und eine Heizanlage versorgten das Belüftungssystem. Um eine gleichmäßige Temperatur zu erreichen, konnte wahlweise kalte oder erwärmte Luft zugeführt werden.

Eine kleine Drainage erzielte eine absolute Trockenheit der Räume und Depots.

Die Eingänge zu diesem riesigen Stollensystem wurden durch doppelte Stahltore verschlossen.[40]

Durch die Raumanlage führte eine doppelte 1 m breite Bahnverbindung, die Anschluß an die Geleise der Marinemole und der Kabelbahn hatte.

Bis gegen Ende des Krieges waren Ausbauarbeiten im Gange, die zu einer weiteren Vergrößerung der Anlage führen sollten.

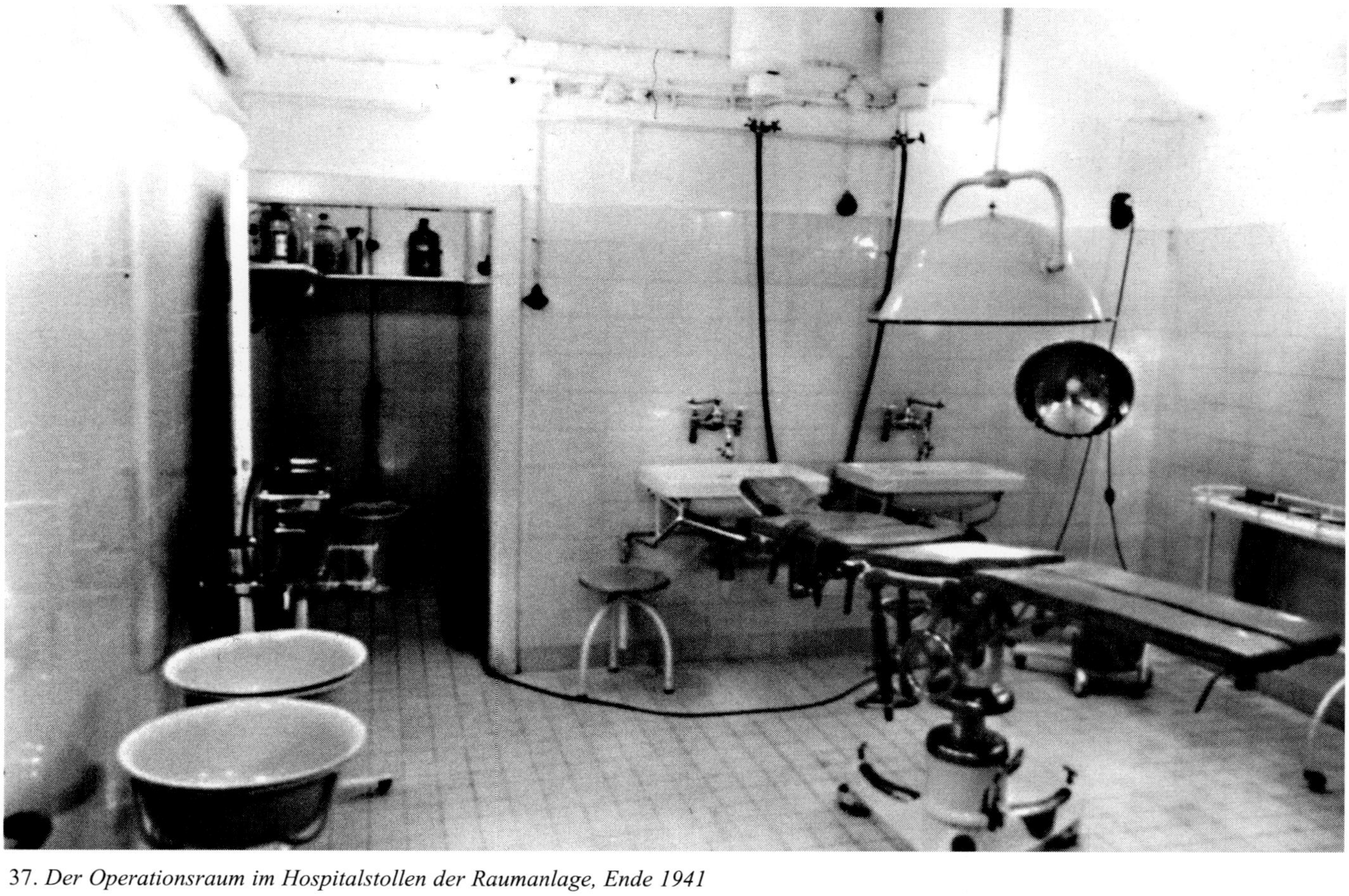

37. *Der Operationsraum im Hospitalstollen der Raumanlage, Ende 1941*

Die Elektrizität für Strom und den Aufzug wurde in einer Kraftstation erzeugt, die südlich des Haupttunnels bombensicher an den Felsen angebaut war (PZ). Eine zweite Elektrozentrale (UZ) in der Nähe, versorgte die übrigen militärischen Anlagen, sowie die Gemeinde mit Strom.

Das Unterland war in drei Sektoren für die Strand- und Ortsverteidigung aufgeteilt. Die Geschütze waren wie folgt gruppiert:

1. Im Nordosten lagen auf dem angeschwemmten Neuland 2 Geschütze und zwei Sperrballons.
2. Im Unterland für die Verteidigung der Stadt und der Tunneleingänge: 13 Geschütze.
3. Auf dem U-Bootbunker vier Fla-Geschütze.

Die Geschütze auf dem Unterland hatten im wesentlichen zwei Funktionen - Fliegerabwehr und Strandverteidigung. Sie waren meist mit kleinerem, halbautomatischem Kaliber ausgerüstet.

Im Nordost-Gelände lagen lediglich zwei leichte Fla-Geschütze, eines von 2 cm auf der Schutthalde und ein weiteres von 3,7 cm zwischen ihm und dem *Nordosthafen*. Auf der Biologischen Anstalt in der Nähe des Felsenecks befand sich ebenfalls eine 2 cm Flak.

Diese Waffen sollten der Tieffliegerabwehr und der Nahverteidigung der Insel dienen und gleichzeitig die Stadt selbst, sowie die Zugänge zu der Raumanlage und dem Oberland schützen.[41]

38. *Heizen der U-Boote im U-Boothafen durch eine Lokomotive. Der U-Bootbunker war noch nicht begonnen.*

Die Hafenanlagen

Hafenbau

Nach Abschluß der Zerstörungsmaßnahmen infolge des Versailler Vertrages, wurden bereits im Jahre 1928 erste Sicherungsmaßnahmen eingeleitet, um Reste des von den Entfestigungsarbeiten ausgeklammerten Hafenaufschüttungsgeländes zu erhalten.

Das nach Sprengung der Molen der Wegspülung preisgegebene Gelände faßte man mit neuen Mauern ein, wozu größtenteils unversehrte Betonblöcke der ehemaligen Westmole verwendet wurden. Nach Beendigung dieser Arbeiten und teilweiser Beseitigung der Sprengtrümmer in der Hafeneinfahrt, war der ehemalige Innenhafen ab etwa 1933 wieder eingeschränkt nutzbar.

Der neuerliche Bau von Festungsanlagen setzte jedoch einen weit größeren Hafen voraus, um die gewaltigen Materialmassen entladen zu können. Zugleich sollte Helgoland wieder schnellstmöglich als Marinestützpunkt nutzbar gemacht werden. Entsprechend früh (ab 1936) wurde mit dem Wiederaufbau des *Einsatzhafens Helgoland* begonnen, der ab 1938 im mehrmals bereits erwähnten **Projekt Hummerschere** aufgehen sollte.

Hinter dieser Tarnbezeichnung verbarg sich der Plan, Helgoland zu einem gigantischen, eisfreien Hafen und Marinestützpunkt auszubauen, unter Berücksichtigung der bis dahin erstellten Anlagen. Die Anfänge dieses durch Zeitzeugenberichte bestätigten Vorhabens, lassen sich an einigen Molen auch heute noch erkennen. Um das Jahr 1941 wurde das Projekt plötzlich gestoppt und zugunsten anderer Hafenbauten, größtenteils im besetzten Frankreich, aufgegeben.

Basierend auf den Erfahrungen beim Bau des alten Hafens, wurden die Molen nicht mehr in Senkkastenbauweise erstellt, da sich diese bei starken Stürmen als zu anfällig erwiesen hatten.

Unter Leitung der Fa. Dyckerhoff & Widmann wurden die Molen nunmehr aus unbewehrten Betonblöcken gebaut, die in zwei eigens im Hafengelände errichteten Betonfabriken gegossen wurden. Die Form der einzelnen Blöcke wurde so gewählt, daß sie miteinander verzahnt werden konnten, was eine zusätzliche Stabilität erbrachte (diese Blöcke sind heute noch im Hafenbereich zu finden). Weiterhin bot dieses Verfahren den Vorteil, daß beim Einbau schmalerer Formblöcke beispielsweise Kabelkanäle ohne zusätzlichen Arbeitsaufwand angelegt werden konnten.

Vor Einbau der Blöcke mußte zuerst der Untergrund von den alten Molentrümmern geräumt und ein Fundament aus Unterwasserbeton ausführt werden. Danach wurden die Blöcke mit dieselelektrisch angetriebenen Großkränen auf die Fundamente gesetzt. Nach Erreichen der Molenoberkante wurden sogleich neue Schienen verlegt, auf denen sich die Kräne weiterbewegen konnten.

Beim Bau der **Ostmole** wurden zuerst Stahlpfähle in den felsigen Untergrund gerammt, zwischen denen dann Betonblöcke mit einem Gewicht von 10 t eingebracht werden konnten. Während anfangs noch die alten Molentrümmer beseitigt wurden, um in gleicher Linie die neue Ostmole zu errichten, zeigte sich diese Vorgehensweise schon bald als zu zeit- und kostenintensiv. So verließ man die alte Linienführung um unter Umgehung der Trümmerreste, eine neue Verbindung zu dem noch erhaltenen Ostmolenkopf zu schaffen. Später wurde in diesem Bereich noch ein Zerstörerliegeplatz eingerichtet, der ab Juli 1943 nutzbar war.

An Material zum Bau der Ostmole waren rd. 9000 Eisenpfähle und 20.000 Betonblöcke notwendig.

Auch mit dem Wiederaufbau der **Westmole** wurde ab 1937 begonnen. Die Arbeiten liefen parallel zu denen der Ostmole. Hier wählte man ebenfalls vorerst die alte Linienführung, und unter großem Aufwand wurden die alten Molentrümmer entfernt. Später wurde dieses Verfahren ebenfalls aufgegeben und die Trasse der **Südmole** hafenseitig parallel zu den Trümmern der alten Mole neu geführt. Eine Verlängerung der Westmole im Zusammenhang mit dem *Projekt Hummerschere* wurde zwar begonnen, mit Aufgabe des Projektes jedoch nicht weitergeführt.

Zum Aufbau dieser Molen setzte man Schwerbetonblöcke mit einem Gewicht von 100 t ein, deren Transport nur mit einem Spezialkran möglich war. In den beiden Molen wurden ingesamt 2000 Stück

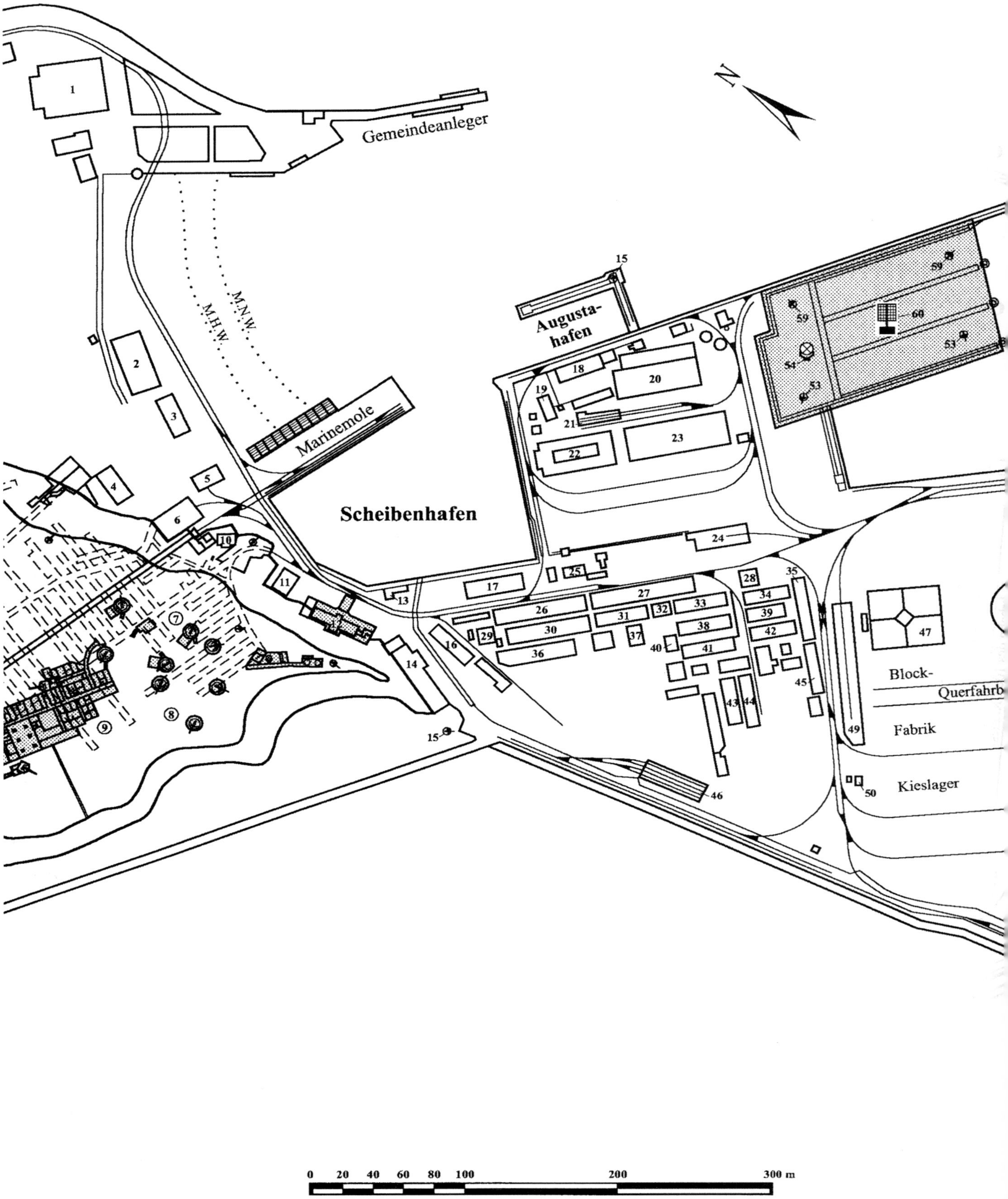

39. *Übersichtsplan des Hafens und der Hafenanlagen. Die Legende findet sich auf der nachfolgenden Seite*

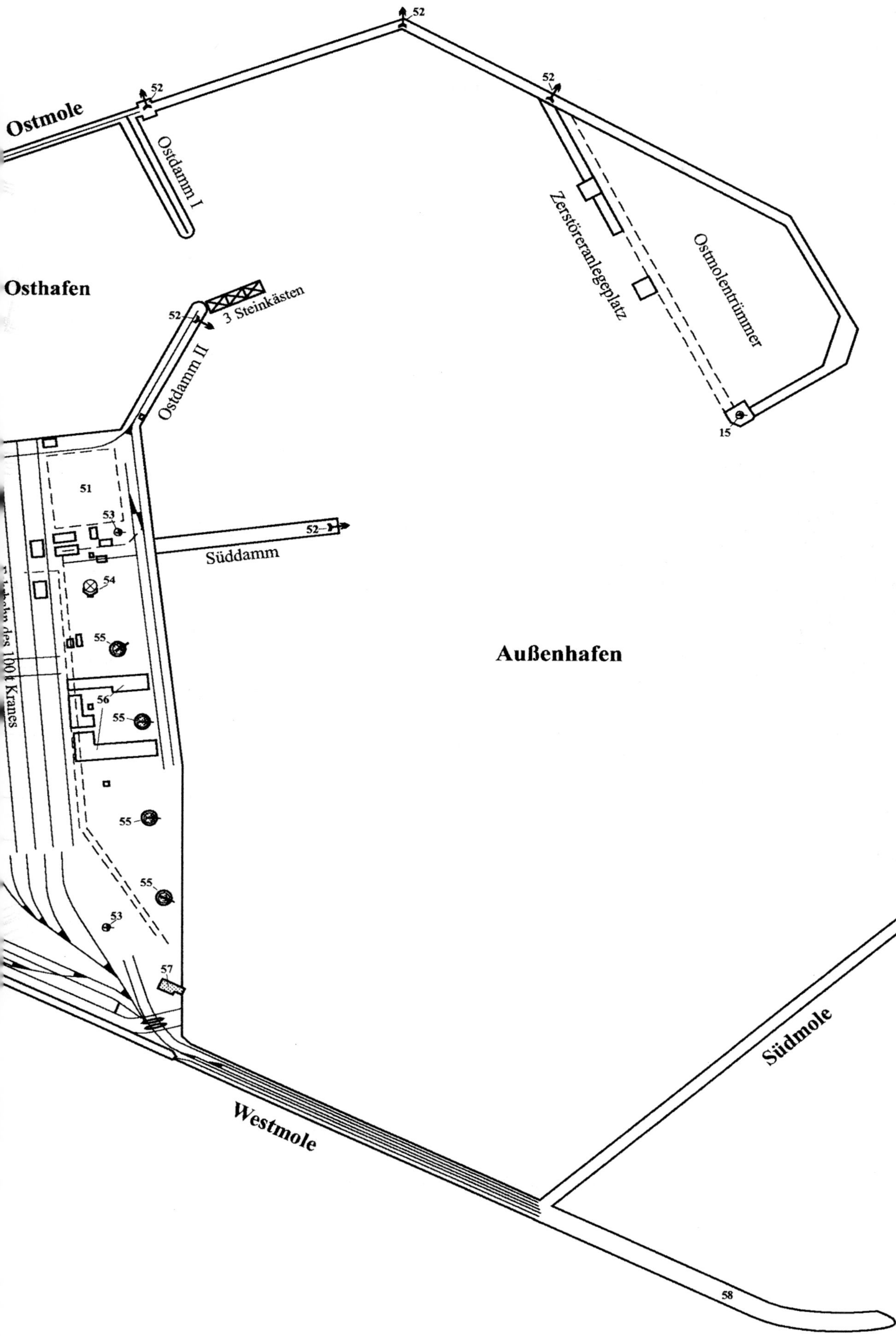

Ostmole
Ostdamm I
Osthafen
3 Steinkästen
Ostdamm II
Zerstöreranlegeplatz
Ostmolentrümmer
Süddamm
Außenhafen
Westmole
Südmole
51
52
53
54
55
56
57
58
59
15

Verzeichnis zu Abbildung 39

1. *Kurhaus*
2. *Tennisplatz*
3. *Zollamt*
4. *Krankenhaus*
5. *Geschützlagerhaus*
6. *Minenwerkstatt*
7. *Batterie Falm 4 x 10,5 cm*
8. *Batterie Falm 4 x 12,8 cm*
9. *Festungswerk Jacobson*
10. *Feuerwehr*
11. *Baustoffprüfanstalt*
12. *Panzerzentrale (PZ)*
13. *Wache*
14. *Unterlandzentrale (UZ)*
15. *4,7 cm Pak*
16. *Seemannsheim (ehem. Postamt)*
17. *Bürobaracke für den Wirtschaftsbetrieb*
18. *Trossenschuppen*
19. *Rettungsboot*
20. *Bauamtswerkstatt*
21. *Lokomotivschuppen*
22. *Büro des Marinehafenbauamtes*
23. *Geräte- und Verbrauchstofflager*
24. *Zementschuppen*
25. *Büros Fa. Dyckerhoff*
26. *Wirtschaftsbaracke*
27. *Wohnbaracke*
28. *Elektrozentrale*
29. *Büro Fa. Walter*
30. *Wirtschaftsbaracke*
31. *Wohnbaracke*
32. *WC*
33. *Wohnbaracke*
34. *Lager*
35. *Lager*
36. *Uferschutzbüro*
37. *Heizung*
38. *Wohnbaracke*
39. *Lager*
40. *Zisterne*
41. *Wohnbaracke*
42. *Lager*
43. *Lager*
44. *Lager*
45. *Lager*
46. *Lokomotivschuppen*
47. *Wasserbehälter*
48. *Ölbehälter*
49. *Zementschuppen*
50. *Feuerwehr*
51. *Provisorischer Kohlelagerplatz*
52. *Fla-Raketenwerfer*
53. *2 cm Fla-Geschütz*
54. *Scheinwerfer*
55. *Hafenbatterie 4 x 10,5 cm*
56. *Werkstätten und Lager der Fa. Dyckerhoff*
57. *Peilstand Süd*
58. *Ansatz der geplanten Südmolenverlängerung*
59. *3,7 cm Flak*
60. *U-Bootbunker*

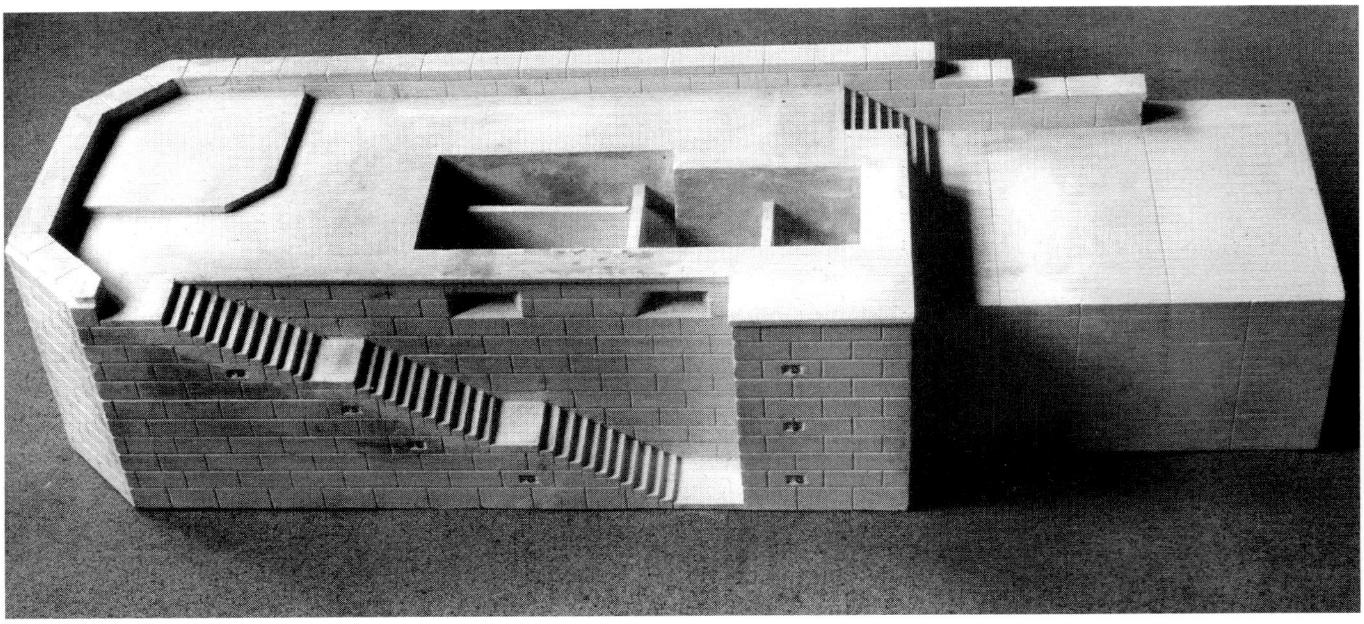

40. *Modell des Südmolenkopfes*

dieser Blöcke verbaut, was einem Betonvolumen von ca. 100.000 m^3 entspricht.

Als letzter Bauabschnitt der Hafeneinfassung erfolgte ab Mitte des Jahres 1943 der Neubau des Westmolenkopfes, in seiner bis heute erhaltenen Form.

Parallel zum *Einsatzhafen* wurde im Rahmen des *Projektes Hummerschere* auch mit der Gründung des **Nordosthafens** und des **Dünenhafens** begonnen. Beide Hafenanlagen dienten vorerst als Bauhäfen zur Versorgung der dortigen Baustellen.

Ein Weiterbau der Molen, ausgehend von diesen Häfen in Richtung Nordost, sowie der Neubau von äußeren Begrenzungsmolen, sollten die Voraussetzungen für Neulandgewinnung in Form von Sandaufspülungen schaffen. Mit einem Volumen von etwa 5,6 Millionen m^3 Sand, entstanden auf diese Weise bis Kriegsende das Nordost-Gelände, sowie die Düne in ihrer Fläche von 1945.

Ein weiteres Zeugnis des Großprojektes stellt u.a. auch die heutige Nordmole dar.

Zur Herstellung der Hafenbauten wurden bis zum Jahre 1943 insgesamt 285.000 m^3 Trümmerreste beseitigt und 1,3 Millionen m^3 Fels gebaggert.[42]

Das Marinebauwesen unterstand bis April 1943 der Amtsgruppe Werft,- Hafen- und Strombau des Hauptamtes Kriegsschiffbau im OKM.[43]

Die Bauleitung des Hafens oblag dem Marinebaurat Triebel, dem Leiter des Hafenbauamtes Helgoland.

In einem Geheimbefehl des Marinegruppenkommandos West vom 13. September 1939 stellte sich der Ausbaustand folgendermaßen dar:

Der *Scheibenhafen* bot eine sofortige Liegemöglichkeit für zwei bis drei S- bzw. R-Flottillen (Schnell- und Räumbootflottillen).
Im *U-Boothafen* konnten 12 Fahrzeuge (U-Boote oder Minensuchboote gleicher Größe) anlegen, allerdings nur bei ruhigem Wetter bis Windstärke 5. Eine Ladeanlage für die U-Boote bestand nur behelfsmäßig. Für Torpedoboote war kein Einlaufen möglich.
Weitere Liegeplätze im *Nord-Osthafen* waren erst ab Frühjahr 1940, nach der Weiterführung der Ostmole, möglich.

41. *Bau der Nordmole. Links die Brücke zum Nordost-Gelände.*

Im *Dünenhafen* konnten vorerst nur drei kleinere Fahrzeuge vor Anker liegen, der restliche Platz war mit den Baufahrzeugen der Hafenbaudirektion für die Weiterführung der dortigen Bauarbeiten belegt.[44]

Auch im März 1940 waren die Hafenanlagen und der U-Bootbunker immer noch nicht fertiggestellt. In einem Kurzbericht über die Liegeplatzmöglichkeiten für U-Boote in Helgoland wird berichtet, daß an drei Häfen gebaut wurde.

Für U-Boote kam im Allgemeinen nur der *U-Boothafen* in Frage. Er war bis dahin allerdings bei starken Winden aus Nord, West und Süd noch nicht genügend geschützt. Seine Tiefe lag bei Normalniedrigwasser bei etwa 5,50 m.
Bei Ostwinden war der Hafen zwar besser geschützt, aber auch hierbei konnte es vorkommen, daß die Boote den Hafen verlassen mußten. Bei langanhaltenden Winden aus östlichen Richtungen kam es sogar vor, daß der Wasserstand so stark fiel, daß die Boote auf Grund lagen.

42. *Blick über den Nordosthafen auf die Düne*

Der *Nordosthafen* konnte nur mit Lotsen befahren werden. In ihm lagen ein Schwimmdock und ein Bagger. Die Versorgung für die U-Boote war dort ungünstiger als im U-Boothafen.

43. *U-Boot im Schwimmdock, aufgenommen am 26. 2. 1942*

Das Hafengelände

Verteilt über das gesamte Hafengelände entstanden ab dem Jahre 1936 Büros, Lagerplätze, Magazine, Werkstätten, Unterkunftsbaracken, Wirtschaftsgebäude, kurzum alles, was zur Infrastruktur einer Marinebasis und zum Unterhalt der Baustellen notwendig war.

Während einer Besichtigung der Baustellen durch hochrangige Vertreter des OKM, Flottenkommando und Wilhelmshavener Marinedienststellen im Juni 1936, wurde von allen Seiten die besondere Schwierigkeit der Wasserversorgung hervorgehoben und der beschleunigte Bau eines ausreichend großen Wasserbehälters gefordert. Dieser Forderung wurde mit der Herstellung eines 4000 m^3 fassenden Wasserbehälters entsprochen, der im Dezember 1938 betoniert wurde.[45]

Das Hafengelände war auch während des Krieges eine fortwährende Baustelle. Die Molen mußten repariert und erweitert werden, die Infrastruktur des Hafens verbessert, Liegeplätze z.B. für Zerstörer neu angelegt werden.

Im April 1941 wurden, durch den chronischen Bauarbeitermangel auf der Insel bedingt, noch ca. 300 italienische Facharbeiter, von Zimmerleuten bis Bergarbeitern, auf die Insel gebracht.

Nach einem Bericht waren im gleichen Monat immerhin noch 2378 Beschäftigte beim Hafenbau tätig, während die militärische Besatzung aus 436 Soldaten bestand.[46]

Auch im Juni 1943 wurde noch am und im Hafen gebaut. Dort lag die Zahl der Hafenbauarbeiter immerhin noch bei 1203 Personen, davon 93 russische Kriegsgefangene. Neun Facharbeiter waren bei den Reparatur- und Instandsetzungswerkstätten der Kriegsmarinewerft beschäftigt.
Die Unterbringung für sie erfolgte in den bauamtseigenen Heimen, in Unternehmerbaracken, in gemieteten Quartieren im Dorf und auf Marinewohnschiffen.
Die Tagesverpflegungen wurden durch die Küchenbetriebe der Marinebaudienststelle verabreicht. Im Juni 1943 z.B. waren es 16.211 Portionen, ohne Berücksichtigung der russischen Kriegsgefangenen.

In dieser Zeit arbeiteten auch 115 Holländer, 83 Flamen und noch 49 Italiener im Hafenbereich bei zivilen Baufirmen.

Nach dem am 15. Mai erfolgten schweren Bombenangriff, wurden die Arbeitskräfte bis zum 10. Juni 1943, wie auch vorher und später auch, zum großen Teil zur Behebung der Bombenschäden eingesetzt.[47]

Hafenbefestigungen

Bereits im Juli 1936 wurden vom OKM erste Rahmenanweisungen für die Aufstellung einer geplanten 4 x 10,5 cm Flakgruppe im Südhafengelände erteilt. Die im Anschluß aufgebaute *Hafenbatterie* setzte sich aus einem Flakleitstand mit Dreiwag (Dreiwalzenkommandogerät), Munitionsräumen, zwei Scheinwerfer, zwei Horchgeräten sowie zwei MG C/30 zusammen. Die Geschütze lagen in offenen Bettungen, nur durch Schutzschilde geschützt.

Analog den anderen Flak-Batterien auf dem Oberland wies die *Hafenbatterie* folgende Stärke auf:

1. Ein Fla-Zug in Stärke von 2 Offizieren, 1 Feldwebel, 8 Unteroffizieren und 77 Mannschaften.

2. Einen Fla-Muni-Trupp in Stärke von 1 Feldwebel, 2 Unteroffizieren und 12 Mannschaften.

3. Für den Fla-Scheinwerfer und Horchzug 1 Feldwebel, 4 Unteroffizieren und 18 Mannschaften.[48]

Weitere leichte Geschütze verschiedenen Kalibers standen auf dem Hafengelände und den Molen.

Ein 1938 erbauter *Peilstand Süd* am Südhafen, in der Nähe der Westmole, diente als zweiter Meßstand für die Batterien *Jacobson* und *v. Schröder*.

Im Jahre 1945, also im Endstadium des Krieges, wurde das Unterland nochmals mit leichten Waffen verstärkt und teilweise vermint. Laut KTB Deutsche Bucht wurde am 17.3.1945 noch eine Batterie *Mole* mit vier 10,5 cm S.K.C/32 in UL C/36 aufgestellt.

So befand sich am Südwestende der Insel eine 4,7 cm Pak (Panzerabwehrkanone). Auf dem Westmolenkopf wurde neben einer bestehenden 3,7 cm Flak im Januar 1945 ein Fla-Raketenwerfer 44 aufgestellt. Auf dem Ostmolenkopf lag eine 4,7 cm Pak und auf der Ostmole selbst drei weitere Fla-Raketenwerfer. Je ein zusätzlicher Fla-Raketenwerfer stand auf dem Süddamm und dem Ostdamm II.

Die sechs Raketenwerfer wurden am 12.1.1945 durch den Admiral Deutsche Bucht zur Verstärkung der Abwehr zugewiesen. Der Grund war der mehrfache Versuch der Alliierten, den U-Bootbunker durch Bomber zu zerstören.[49]
Diese Fla-Raketenwerfer sollten gegen tief fliegende Bomber eingesetzt werden. Sie bestanden aus einem Gerüst, ähnlich einem Bierkasten, in die 35 einfache 7,3 cm Raketensprenggranaten eingesetzt wurden. Jedes Geschoß trug einen Sprengkopf von 280 g RDX/TNT. Der Sprengkopf war hochexplosiv. In der Spitze trug er einen Aufschlagzünder und einen Selbstzerstörer, damit die Rakete nach einer gewissen Flugstrecke nicht auf den Boden fallen konnte.[50] Ob ein Kampfeinsatz stattgefunden hat, ist nicht nachweisbar.

44. *Schwimmdock in Box A des U-Bootbunkers*

45. *Blick auf den Werkstattteil des U-Bootbunkers während der Bauphase am 15. 4. 1941*

Die ersten Planungen für den U-Bootbunker reichen bis in das Jahr 1939 zurück.

Obwohl im Ersten Weltkrieg bereits U-Bootbunker (UBB) an der flandrischen Küste in Brügge bestanden, mußten die Pläne derartiger Bauwerke modifiziert und den Entwicklungen angepaßt werden. Sie mußten nun die neuen U-Boot-Typen aufnehmen und den neuentwickelten Bomben standhalten können. Die Planung unterlag der *Marinebaudirektion* (Kriegsmarine) Hamburg.[51]

Das Schema des Bunkers wurde später mit Abweichungen Vorbild für die großen UBB an der Atlantikküste.[52] Im Gegensatz zu einem englischen Bericht über die Sprengung des Bunkers, war an dessen Bau die *Organisation Todt* nicht beteiligt, die bis zum Jahre 1944 im sogenannten Heimatgebiet nicht bauen durfte.[53] Die Bauaufsicht unterlag dem Baubüro des *Marinebauamts* (Kriegsmarine) Helgoland, das aus etwa 300 Ingenieuren, Technikern und Angestellten bestand. Seinen Sitz hatte es nördlich des geplanten UBB in einem zweistöckigen Holzhaus. Mit den Detailplanungen und der Bauausführung wurden die zivilen Firmen Grün & Bilfinger und Dyckerhoff & Widmann als Subunternehmer für die *Marinebaudirektion* beauftragt, dessen Bauleiter für das *Marinebauamt* Helgoland u.a. Friedrich Emmrich war, der uns 1997, als überlebender Augenzeuge, von seiner dortigen Tätigkeit berichtete.

Grün & Bilfinger waren für den Unterbau, inklusive der Kellerräume und der Boxen verantwortlich. Der eigentliche Hochbau wurde von der Firma Dyckerhoff & Widmann errichtet.[54]

Mit dem Bau des trapezförmigen Bunkers wurde im Winter 1939/40 im ehemaligen U-Boothafen begonnen und nicht, wie irrtümlich behauptet, bereits 1935/36.[55] Die auf Fotos aus diesem Zeitraum sichtbaren "Eisengerüstmolen" dienten

46. *Der U-Bootbunker im Bau. Deutlich sind die Lehrgerüste zu erkennen. Aufnahme vom 25. 08. 1940.*

47. *Der UBB Nordsee III am 19. 6. 1943. Auf dem Dach ist ein FuMO Seetakt zu erkennen.*

auschließlich als Anlegestellen und standen nicht in Zusammenhang mit dem Bau des U-Bootbunkers. Erst Anfang 1940 wurde mit dem Rammen der Eisengerüste für die Fundamentmauern begonnen, dem sich im April das Betonieren der Molenfundamente anschloß. Es wurde in drei Schichten Tag und Nacht gearbeitet.

Bei der Konzeption des Oberbaues, ging die bauausführende Firma Dyckerhoff & Widmann (DYWIDAG) eigene Wege. Im Gegensatz zur üblichen Bauweise, bei der Stahl- oder Stahlbetonträger das Tragegerippe der Bunkerdecke bildeten, wurde in Helgoland ein Lehrgerüst aus Eisenbeton verwendet, das gleichzeitig als Deckenschalung diente. Auf das Lehrgerüst wurde eine Spiralbewehrung, ebenfalls eine Neuerung von DYWIGAG aufgebracht und die Decke anschließend betoniert.

Der im Dezember 1941 im Rohbau fertiggestellte Bunker wurde sofort bezogen, während die Innenausbauten noch andauerten. Der Bunker, mit dem Tarnnamen *Nordsee III* bestand aus drei Boxen A - C, die je drei U-Boote der Typen VII oder IX aufnehmen konnten. Die Box A diente auch als Liegeplatz für ein Schwimmdock, um Reparaturen unterhalb der Wasserlinie der Boote ausführen zu können. Zum Erreichen der erforderlichen Mindesttiefe, mußte hier nachträglich eine Sohlenvertiefung auf -6,30 m durchgeführt werden.[56]

Innerhalb der Boxen waren seitlich schwimmende Metallkästen zum Ausgleich der Tide angebracht, an denen die Boote festmachen konnten.

Der hintere Teil, ungefähr ein Drittel des Bunkers, war auf Land gebaut und barg einen kleinen Werftstützpunkt mit Kellerräumen, Werkstätten, Lagerräumen, Büros, Pumpenraum, Maschinenraum und die Elektrozentrale. Die Stromversorgung erfolgte durch die am Felsen des Unterlandes eingebaute Kraftzentrale. Notaggregate, im Keller des Bunkers, sorgten für die notwendige Stromversorgung bei Ausfall des extern zugeführten Stromes.

Die technische Ausrüstung des Bunkers wurde vom Marinebauamt Wilhelmshaven geliefert.[57]

Die Maße des Bunkers betrugen (einschl. Dachüberkragung):

Länge	156 m
Breite	94 m
Länge der Boxen	108 - 110 m
Breite der Boxen	22 m
Stärke der Decke	3 m
Wandstärke	2 m
Höhe des Bunkers über Normalnull	16,50 m [58]

Die drei Boxen im Inneren des Bunkers waren durch 6 m breite Molen, auf denen 130 Eisenbetonpfeiler standen, die das Dach trugen, voneinander getrennt. Jede Box war durch große Hängetorverschlüsse, die im Alarmfall geschlossen werden konnten, gegen Beschuß und Splitterwirkung gesichert. Sie bestanden aus länglichen ca. 4 m breiten, an der Decke befestigten Stahltafeln. Der gesamte Verschluß bestand aus sechs bis sieben Stahltafeln mit einer Panzerung von 20 mm in der Front und ca. 15 mm im hinteren Blech. Mittels eines Seilzuges konnten sie aus seitlichen Nischen herausgezogen werden.[59]
Hoch angebrachte Fenster an den Seiten, die Licht in den Bunker brachten, wurden bei Angriffen durch stählerne Läden verschlossen. Ein 3 m starkes Dach überkragte die gesamte Anlage als Splitterschutz um 3 m, um Treffer direkt an der Bunkerwand zu vermeiden. Später sollte die Bunkerdecke um weitere 2 m verstärkt werden, wobei diese Planung jedoch nicht mehr ausgeführt wurde.[60]

Nach Fertigstellung des Rohbaues waren bis Ende 1941 bereits 82.590 m^3 Beton und 4700 t Stahl- und Armierungseisen verbaut worden, was bis dahin einem Kostenvolumen von rd. 9.400.000 RM entsprach.[61]

Ab Ende Januar 1942 konnten die ersten U-Boote an den Molen mit Dampf, Öl, Süß- und Seewasser versorgt werden. Die noch anstehenden Innenausbauarbeiten waren bis Mitte 1942 im wesentlichen abgeschlossen.[62]

Die Decke des Bunkers diente auch als Plattform für leichte Fliegerabwehr. Sie bestand aus einer 3,7 cm automatischen Vierlingsflak, 1 x 3,7 cm Flak auf Lafette, 2 x 2 cm Flak auf Lafette und einem Höhen- und Entfernungsmesser. Ein Suchscheinwerfer und zwei Horchgeräte vervollständigten die Luftverteidigung. Ein Funkmeßortungsgerät diente zur Anpeilung von Luft- und Seezielen.

Der UBB *Nordsee III* spielte während des Krieges auf deutscher Seite nur eine untergeordnete Rolle.

48. *Während des Innenausbaues lagen bereits U-Boote im Bunker. Eine seltene Aufnahme.*

Längsschnitt (A - B)

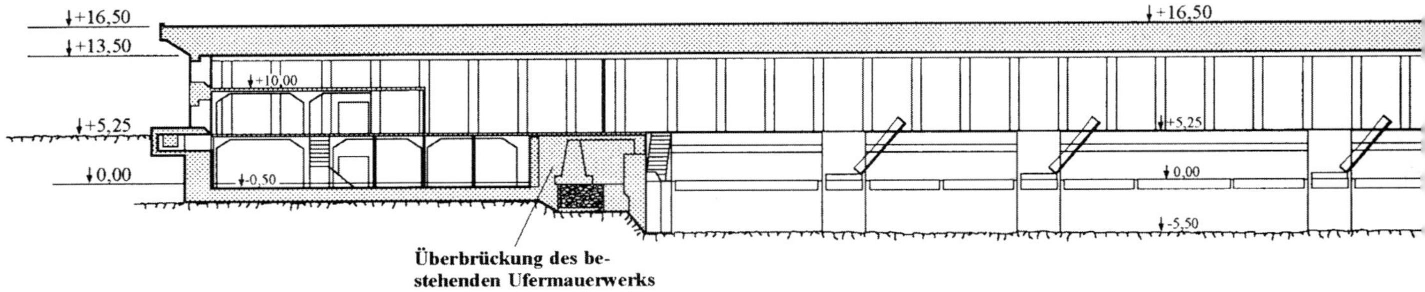

Grundriß (Erdgeschoß)

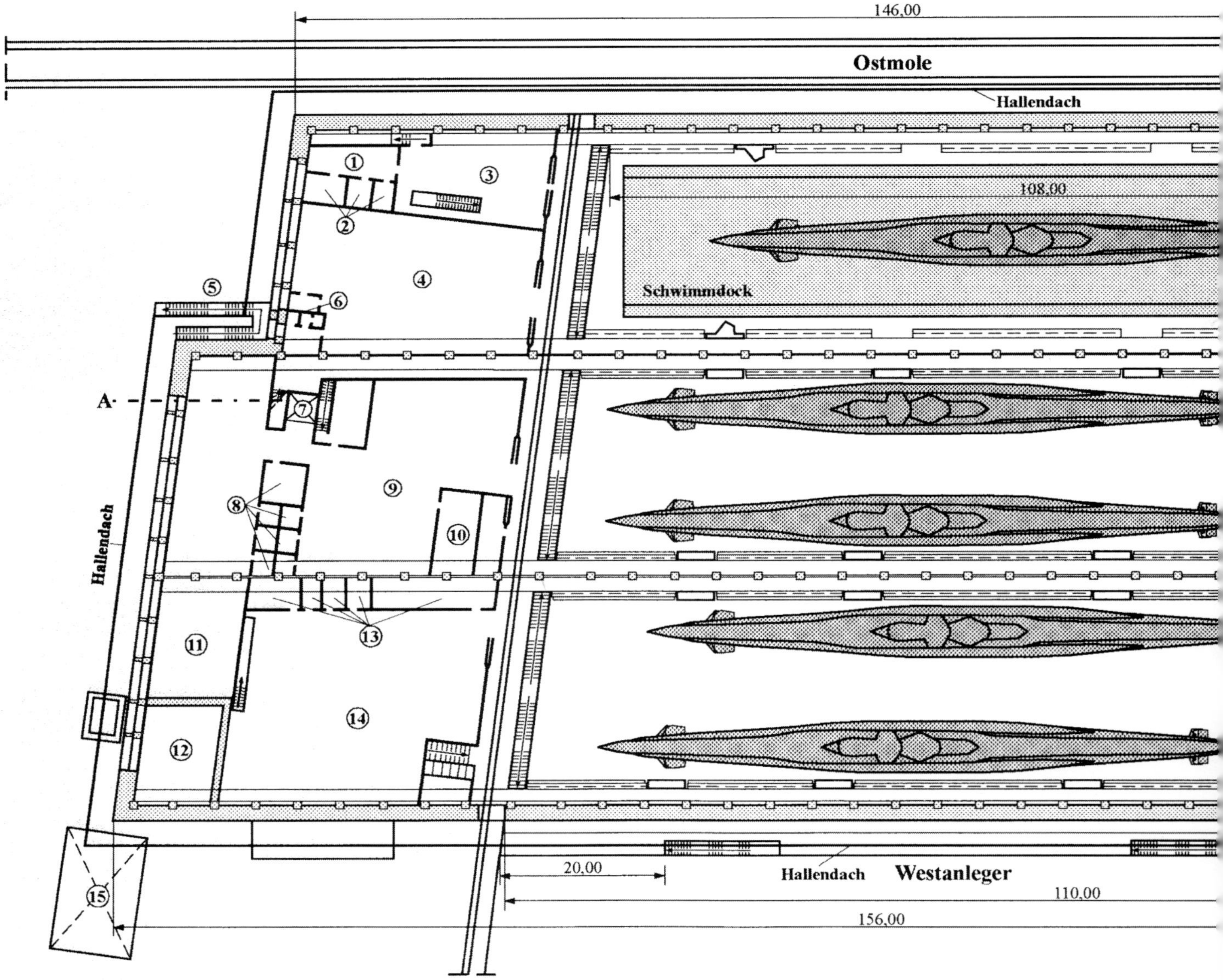

49. *Grundriß und Schnitte des UBB Nordsee III*

Ansicht der Einfahrten

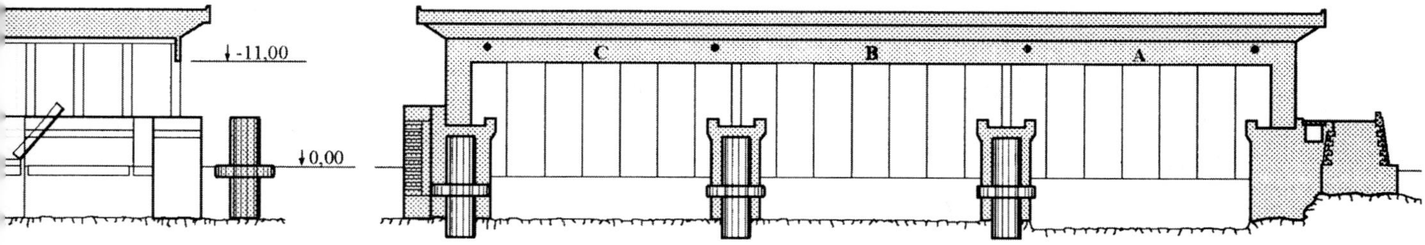

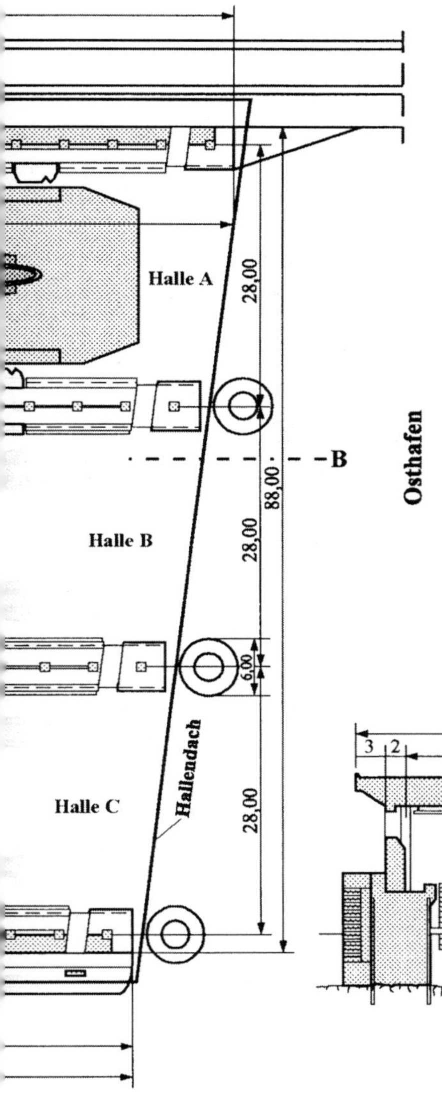

Legende:

1 Optische Geräte
2 Justierraum und Büros
3 Sehrohr-Werkstatt
4 Torpedo-Lager und Regelstelle
5 Außentreppe zum Dach
6 Toiletten
7 Aufzug
8 Dreherei und Packräume
9 Schlosser-Werkstatt, Werkzeugausgabe
10 Pumpenprüf- und Druckraum
11 Tischlerei
12 Sauerstoffanlage
13 Ausgabe, Büros, Schweißkabine
14 Schiffbau-Werkstatt
15 Wasserbehälter

Querschnitt des wasserseitigen Teils

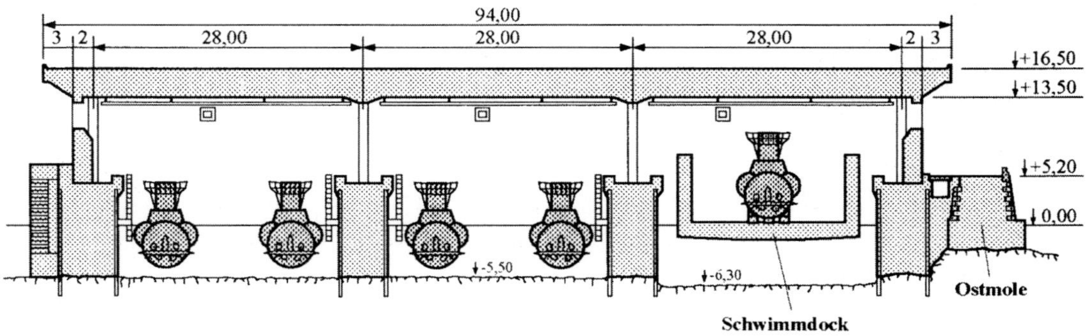

Maßstab 1 : 750

Während des Norwegenfeldzuges waren die Insel und der U-Bootbunker eine wichtige Durchgangsstation. Durch die Verlagerung der U-Boote an den Atlantik und auf Grund der geringen Werftkapazität, die nur kleinere Reparaturen erlaubte, verlor der Bunker seine ursprüngliche Bedeutung und wurde nur ab und zu als Liegeplatz genutzt. In den Jahren 1942 bis 1945 liefen, bis auf wenige Ausnahmen, fast nur S-Boote und R-Boote den UBB an.

Durch die vom OKW 1945 befürchtete Landung der Alliierten an der Nordseeküste, wurde gegen Ende des Krieges Helgoland, neben Ijmuiden in Holland, Stützpunkt eines K-Verbandes (Kleinkampfmittelverband), unter dem Kommando von Vizeadmiral Heye (dem späteren ersten Wehrbeauftragten des Bundestages), von **Kleinst-U-Booten**, des Typs *Seehund* und *Molch.*

Hier liefen am 13. April 1945 die ersten vier *Seehunde* aus Wilhelmshaven ein. Ein fünfter wurde auf der Überfahrt durch gegnerische Kräfte vernichtet. Die Boote wurden im UBB *Nordsee III* in Erwartung der Invasion bereitgehalten. Am 18. April 1945 lagen noch 13 *Seehunde* im Bunker, andere waren noch auf dem Marsch nach Helgoland.

Die Besatzung dieser Kleinst-U-Boote bestand aus zwei Mann; Kommandant und Leitender Ingenieur. Die Boote waren mit zwei Torpedos bewaffnet. Ihre Wasserverdrängung betrug 15 t.

Die Helgoländer Boote kamen jedoch nicht mehr zum Einsatz. Ihre Besatzungen, die aus lauter Freiwilligen bestanden, wurden allerdings in Bereitschaft gehalten.[63] Nach dem schweren Angriff auf Helgoland am 18. und 19.4.1945, wurde die Basis für den K-Verband aufgegeben und mehrere Kleinst-U-Boote wieder nach Wilhelmshaven verlegt. Angeblich sollen sich mindestens zwei dieser *Seehunde* im U-Bootbunker bei Kriegsende selbst versenkt haben.

Bereits Mitte 1944 war ein erster K-Versuchsverband von sogenannten **Sprengbooten** (*Linse*) auf die Insel verlegt worden, die ihre Übungen zwischen der Insel und der Düne absolvierten. Bei diesem Verband handelte es sich um nahezu kamikazeähnliche Einsätze.

Die Sprengboote sollten in Dreier-Gruppen zum Einsatz gelangen. Sie bestanden aus einem Kommandoboot mit einem Fahrer und zwei Funkern, sowie zwei Sprengbooten mit je einem Fahrer. Die Sprengboote waren verbesserte Landungsboote, die

50. *Kleinst-U-Boot Seehund im Auto- und Technikmuseum Speyer*

51. *Luftschraube eines abgeschossenen B17 Bombers, die vor einiger Zeit von einem Fischer aus dem Meer vor Helgoland geborgen wurde*

in Holzbauweise ausgeführt waren. Im Achterschiff besaßen sie eine Sprengladung von 400 kg.

Nachdem die Sprengboote gegen ein gegnerisches Ziel gesteuert wurden, sollten die Fahrer, abspringend, vom Kommandoboot übernommen werden. Über UKW-Funk wurden die Boote nach Fahrerübernahme weiter auf das Ziel ferngesteuert. Ein Zündbügel am Vorschiff der Sprengboote sollte beim Auftreffen auf das Ziel abgesprengt und die Hauptsprengladung im absinkenden Achterschiff durch einen Verzögerungszünder ausgelöst werden (Grundminenwirkung). Diese Verbände kamen später tatsächlich noch zum Einsatz, jedoch war die Verlustrate bei den Soldaten enorm hoch.[64]

Für die Alliierten war, wie auch deshalb bei der späteren Sprengung, der UBB das wichtigste militärische Ziel in Helgoland, wobei sicher seine Bedeutung von den Engländern überschätzt wurde.[65]

Mindestens drei Versuche mit unbemannten, ferngesteuerten Bombern wurden unternommen, um diesen UBB zu zerstören (Unternehmen *Aphrodite*).

Der erste Versuch fand am 3.9.1944 statt.

Das Kriegstagebuch (KTB) Helgoland vermeldet an diesem Tag:

16.43 Uhr- Fluko meldet und Fu.M.O. Flum-Nord ortet ein Feindziel im Süden, 26 km, Kurs Ost.

16.46 Uhr- macht das Ziel eine Linkskurve und fliegt die Insel an. Ausgucks melden zwei Tiefflieger im Süden, Kurs Insel.

16.50 Uhr- Eine Liberator fliegt die Insel an, Zielhöhe 100 m, wird von mittlerer und leichter Flak sowie von Battr. Falm unter Beschuß genommen. Kurs der Maschine zeigt zunächst genau auf die Südspitze der Insel. In Brand geschossen, dreht die Liberator auf die Düne zu und explodiert 16.52 Uhr neben dem Wirtschaftsgebäude auf der Düne wenige Meter über der Erde. Der zweite Tiefflieger (Mosquito) folgt der Liberator im Abstand von ca. 5 km, etwa 300 m hoch, wird ebenfalls von mittlerer und leichter Flak beschossen und dreht in einer Rechtskurve im Flakfeuer ab. Brand im Leitwerk wird beobachtet.

Das Wirtschaftsgebäude auf der Düne gerät in Brand und wird fast völlig zerstört. Ferner wurden zerstört: Block 3 und 5 total, Block 1, 2 und 4 schwer beschädigt. E-Werk Düne fällt infolge Beschädigung aus, 12,8 cm Battr. Wittekliff wegen Stromausfall unklar. Desgleichen 2 cm Flak Hafen-Ost unklar. Die 2 cm Flak-Waffe "Düne-Werft" und "Strandeck" fallen aus wegen Zusammenbruchs der Ständer und bei "Strandeck" wird später die Waffe durch Feuer zerstört. Scheinwerfer "Wittekliff" hat Motorschaden.[66]

Zwei weitere Angriffe fanden am 11.9. und am 15.10.1944 durch *Flying Fortress* (B17, Anmerkung der Verfasser) Bomber statt, die aber keinen Erfolg hatten. Die Maschinen wurden, teilweise samt Begleitjäger, die die unbemannten Bomber fernsteuerten, abgeschossen und in Atome zerstört.

Lassen wir nochmals das KTB zu diesen Tagen sprechen:

11.09.1944:

17.27 bis 18.19 Uhr- "Fliegeralarm". Im Süden passieren mehrere Tiefflieger mit Kurs ONO.

17.23 Uhr- Ausgucks sichten im SO eine Fortress II und 10 Jäger.

17.25 Uhr- Die Fortress II dreht in 130 Grad, 25 km, nach Fu.M.O. Flum-Ortung auf die Insel zu und kommt kurze Zeit später in Sicht.

17.26 bis 17.28 Uhr- Die Feindmaschine wird von 2 schweren Flakbatterien sowie mittlere und leichte Flak beschossen. Sie fliegt in 100 m Zielhöhe den U-Bootbunker an. Der rechte innere Motor wird in Brand geschossen worauf die Maschine über die rechte Tragfläche abstürzt.

17.28 Uhr- Absturz der Maschine 50 m ostwärts vom U-Bootbunker ins Wasser. Gewaltige Detonation und Rauchentwicklung.

Der Kommandant der Insel, Kapitän zur See Lohmann, schreibt zu diesen Vorfällen in das KTB unter *Erkenntnisse und Erfahrungen*:

Der Feind versuchte am 3. und 11. 9. mit je einem viermotorigen Bomber aus 120 Grad überraschend den U-Bootbunker anzugreifen. Flughöhe der Maschinen 100 m, bei stark gedrosselter Geschwindigkeit. Während der gleichen Zeit kurvten Feindmaschinen im Westen, anscheinend um die Aufmerksamkeit auf sich zu lenken. Unter Einwirkung der zusammengefaßten Flakverteidigung drehten bzw. stürzten die Maschinen vor Erreichen ihres Zieles ab. In jedem Falle kam es zur Explosion der Maschine, die in Atome zerrissen wurde. Ob es sich hierbei um ferngesteuerte Flugzeuge gehandelt hat, ist nicht erwiesen. Spuren der Besatzung konnten jedoch nicht gefunden werden.[67]

Zum 15.10.1944 vermeldet das KTB des Admirals Deutsche Bucht:

Ab 1112 Uhr fliegt ein kleiner Verband feindl. Kampfflugzeuge in die Deutsche Bucht ein, kurvt im Raum Helgoland und wirft um 1207 Uhr im Anflug aus W. 3 Bombenteppiche, von denen einer ins Wasser fällt, der zweite das Gebiet des Inselhafens und der dritte größtenteils das Unterland trifft. Das Oberland wird weniger betroffen.

Abflüge nach W. Letzte Meldung 1232 Uhr.
Abwehr durch s. Flak Helgoland. Zielhöhe 7000.
Baw: 200 bis 300 leichte Sprengbomben, außerdem Brandbomben.

Schäden: Personenschaden:
1 Soldat gefallen
2 Soldaten schwer verwundet
2 Zivilpersonen verletzt
Sachschaden:
1 - 2 cm ausgefallen (Flakgeschütz: Anmerkung der Autoren*)*
1 Horchgerät ausgefallen,
110 Häuser zerstört, weitere beschädigt.

Um 1215 Uhr Anflug von zwei Fortress, einer Lightning und einer Mosquito aus NW auf Helgoland. Eine der viermotorigen Maschinen fliegt aus NW in 100 m Höhe den U-Bootbunker an und wird in 200 m Entfernung querab der Insel abgeschossen und stürzt in die See. Die zweite Fortress fliegt außer Sicht an der Insel vorbei und nimmt aus Süden Kurs auf den U-Bootbunker mit einer Zielhöhe von 200 m. Sie wird in 2500 m Entfernung ebenfalls durch Volltreffer vernichtet. Die Fortress explodiert in der Luft unter gewaltiger Detonation. Die Mosquito stürzt nach Beschuß ab.
Abwehr durch 1., mittlere und schwere Flak Helgoland.
Abwehrerfolge:
1301 Uhr Abschuß einer Fortress
1303 Uhr Abschuß einer Fortress
1307 Uhr Abschuß einer Mosquito.
Der Angriff auf den U-Bootbunker Helgoland stellt eine Wiederholung der vergeblichen Angriffe vom

52. Sprengboote werden mit Sprenstoff beladen und zum Einsatz vorbereitet.

53. Hohe Offiziere besichtigen ein Sprengboot (Linse). Im Hintergrund Gen.d. Jagdflieger Adolf Galland und Reichsminister Albert Speer.

54. Reste der Tragfläche eines abgeschossenen alliierten Flugzeugs, die heute noch am Fuße der Felskante liegt.

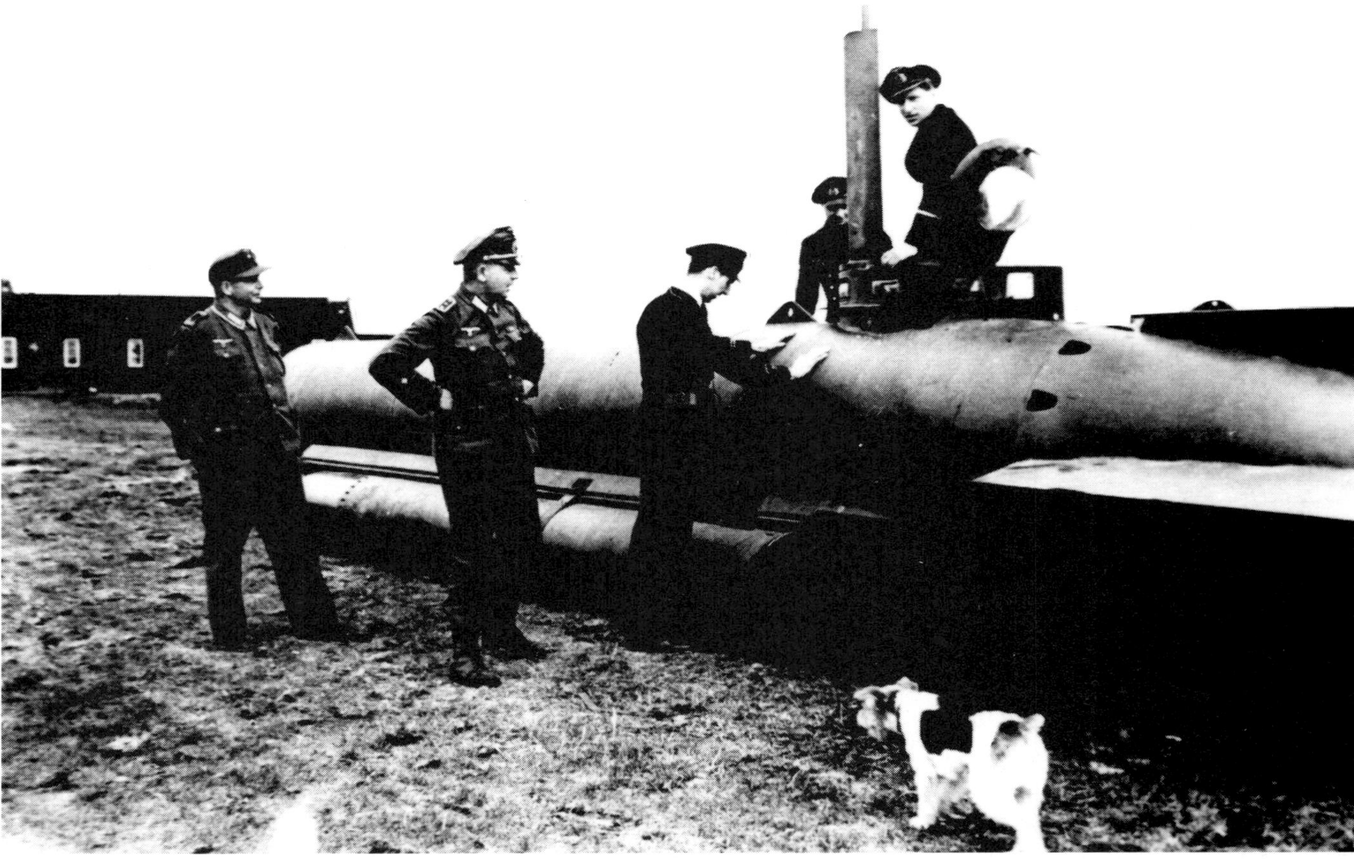

55. Marineoffiziere inspizieren einen Molch

3. und 11.9.1944 dar. Das Verhalten der Feindflugzeuge ist in allen Fällen gleich. Während die Bomber in stärkstem Flakfeuer den Kurs beibehalten, versuchen sich die begleitenden Jäger der Abwehr durch Kurven zu entziehen. Es konnte nicht mit Sicherheit geklärt werden, ob die Bomber bemannt waren. Eine Fernsteuerung durch die Begleitjäger ist jedoch sehr wahrscheinlich.[68]

Ein Augenzeugenbericht eines ehemaligen Marinehelfers beschreibt den Anflug des zweiten Bombers in ähnlicher Weise, ebenso berichtet der Inselarzt Dr. Kropatscheck von diesen Angriff. Nach ihren Erinnerungen flog die B17 auf die Westklippe zu und schien wohl das *Wassermanngerät*, ein hohes Peilgerät (Radar), angreifen zu wollen. Vor der *Westklippe Batterie* wurde die Maschine getroffen und stürzte ins Wasser.[69]

Am 12.1.1945 enthält das gleiche KTB (Admiral Deutsche Bucht) folgende Bemerkung:

Nach Meldung des Luftgau XI enthalten die aus einer abgeschossenen "Fortress 2" geborgenen Unterlagen den Flugplatz Helgoland und vermutlich den U-Bootbunker Helgoland als Ziel. Demnach ist mit weiteren Luftangriffen auf diese Schutzobjekte jederzeit zu rechnen. Ich habe daher die Verstärkung der Abwehr durch Aufstellung von 6 - 7,3 cm Fla-Raketenwerfern (Föhn V 2), 35 fach, beantragt.[70]

Der UBB wurde während der Bombardierung Helgolands kurzfristig auch als Luftschutzbunker für die Zivilbevölkerung genutzt, die nach der Zerstörung der Insel auf das Festland evakuiert wurde. Trotz mehrerer Treffer bei den beiden schweren Luftangriffen vom 18./19. April 45, blieb der Bunker bis Kriegsende nahezu unbeschädigt.

Am 30. April 1945 liefen noch vier II-D-U-Boote in den UBB ein, die vor Helgoland Schnorchelaus-bildung betrieben. Ebenso lagen bei Kriegsende auch noch *Seehunde* und *Molche* im Bunker. Nach der Kapitulation kamen noch weitere drei U-Boote, die auf dem Marsch nach Norwegen waren, in den UBB, um dann hier von den Engländern übernommen zu werden.[71]

Aphrodite - Einsätze gegen Helgoland

(nach englischen Quellen [71])

Datum	Flugzeug	Besatzung	Anmerkungen
03.09.44	B-24D 42-63954	Lt R. Spalding (USN)	Navigator verwechselte Helgoland mit der Düne
11.09.44	B-17F 42-30180	1/Lt R. W. Lindahl (KAS) 1/Lt D.E. Salles	Die mit 9913 kg Sprengstoff (Torpex) beladenen Maschine wurde 10 Sekunden vor dem Ziel durch Treffer abgeschossen
15.10.44 15.10.44	B-17F 42-30039 B-17G 42-37743	1/Lt R. Betts, 2/Lt M. Garvin 1/Lt W. Patton, 1/Lt J.W. Hinner	Doppelangriff: Abschuß beider Maschinen
30.10.44 30.10.44	B-17F 42-30066 B-17F 42-3438	1/Lt G.A. Burnes, 1/Lt R. McCauley 1/Lt W. C. Gaither, 1/Lt W.M. Dunnuck	Doppelangriff: Eine Maschine stürzte ins Meer, bei der anderen brach der Funkkontakt ab, und sie explodierte nach einem Flug von 500 Kilometern in der Nähe von Trollhättan in Schweden.

56. *Umbauarbeiten an der Unterlandzentrale im Oktober 1937.*

57. *Gleichstrom-Dieselumformer für eine Leistung von 640 KVA in der Unterlandzentrale. Aufgenommen am 20. 2. 1939.*

Die Energieversorgung

Wie bereits erwähnt, wurde die Energieversorgung der Insel durch mehrere Zentralen gesichert, die teilweise der Zivilbevölkerung, mehr aber dem militärischen Bereich dienten.

Die **Oberlandzentrale** (OZ) bestand aus einem MAN Viertakt-Diesel mit 375 PS und einen MAN Viertakt-Diesel mit 165 PS. Die Motoren wurden durch Süßwasser gekühlt.
Im Keller des Gebäudes befand sich dafür ein Süßwasserbecken. Das Wasser wurde von einem Seewasserkühler wieder heruntergekühlt. Das Seewasser selbst wurde von einem Pumpenbau im Augustahafen, heute noch sichtbar, nach dem Oberland in den sogenannten Hagemannschen Brunnen (benannt nach der Fa. Hagemann, die die meisten militärischen Bauten auf Helgoland erstellte) gepumpt. Von dort aus wurde das Süßwasser wieder durch das Kühlsystem abgekühlt. Reichte diese Art von Kühlung nicht aus, wurde durch Rohrleitungen das Maschinenkühlwasser erst auf das Dach der OZ und anschließend wieder in den Süßwasserbrunnen geleitet. Um kurzfristig Stromspitzen aufzufangen, wurden Akkus, die im Keller der OZ lagen verwendet. Dies war z.B. der Fall, wenn ein voll beladener Lorenzug den Schrägaufzug benutzte, oder die schweren Hafenkräne angefahren wurden. Das Aufladen der Batteriezellen erfolgte über einen Gleichstromgenerator. Die Oberlandzentrale wurde durch etwa elf zivile Angestellte gefahren.

Die **Panzerzentrale** (PZ), bereits 1913/14 errichtet, war bombensicher mit einer Deckenstärke von 2 m und einer Wandstärke von 4 m, an den Fels gebaut und lag zwischen der Unterlandzentrale (UZ) und dem Eingang zu der Raumanlage. Sie wurde bei den Entfestigungsarbeiten nach dem Ersten Weltkrieg nicht zerstört. Die PZ wurde Anfang 1937 neu ausgebaut und erweitert, sowie mit zwei MAN Großdieselkraftmaschinen mit 2-Takt Dieselmotoren für Wechselstrom bestückt. Für die PZ wurde ein eigener Dieseltank in den Felsen gebaut.

Die **Unterlandzentrale** (UZ), auch sie bereits vor dem Ersten Weltkrieg errichtet, allerdings wegen Überflutungsgefahr nach der Abrüstung geschlossen, wurde mit Beginn der Wiederaufrüstung, etwa 1935, wieder reaktiviert und mit vier 2-Takt-Dieselmotoren á 825 PS der Firma MAN, die seewassergekühlt wurden, ausgerüstet. Zwei der Motoren waren mit Drehstrom- und zwei mit Gleichstromgeneratoren von 6300 Volt je Diesel ausgelegt. Die Versorgung mit Dieselöl erfolgte durch feste Tankanschlüsse und Rohrleitungen von der Mole aus bis zu den Tanks. Von den beiden Zentralen führten zwei bzw. drei schwere Stromkabel in weiten unterirdischen Kanälen unter der Hafenstraße zu dem UBB *Helgoland III*, um dort die Batterien der U-Boote aufzuladen.[73]

Eine eigene Kraftstation mit dem Namen *Hermes I*, versorgte die Batterie und das *Festungswerk v. Schröder* durch drei starke Dieselmotoren mit dem erforderlichen Strom. Die offizielle Abnahme dieser Kraftstation erfolgte im November 1937.[74] Die Generatoren bestanden aus drei MAN Dieselmotoren á 300 PS, die Gleichstrom erzeugten und liefen 24 Stunden pro Tag. Die Motoren waren süßwassergekühlt. Das erforderliche Kühlwasser wurde aus einem in der Nähe der Batterie liegenden Tiefbrunnen entnommen.[75]

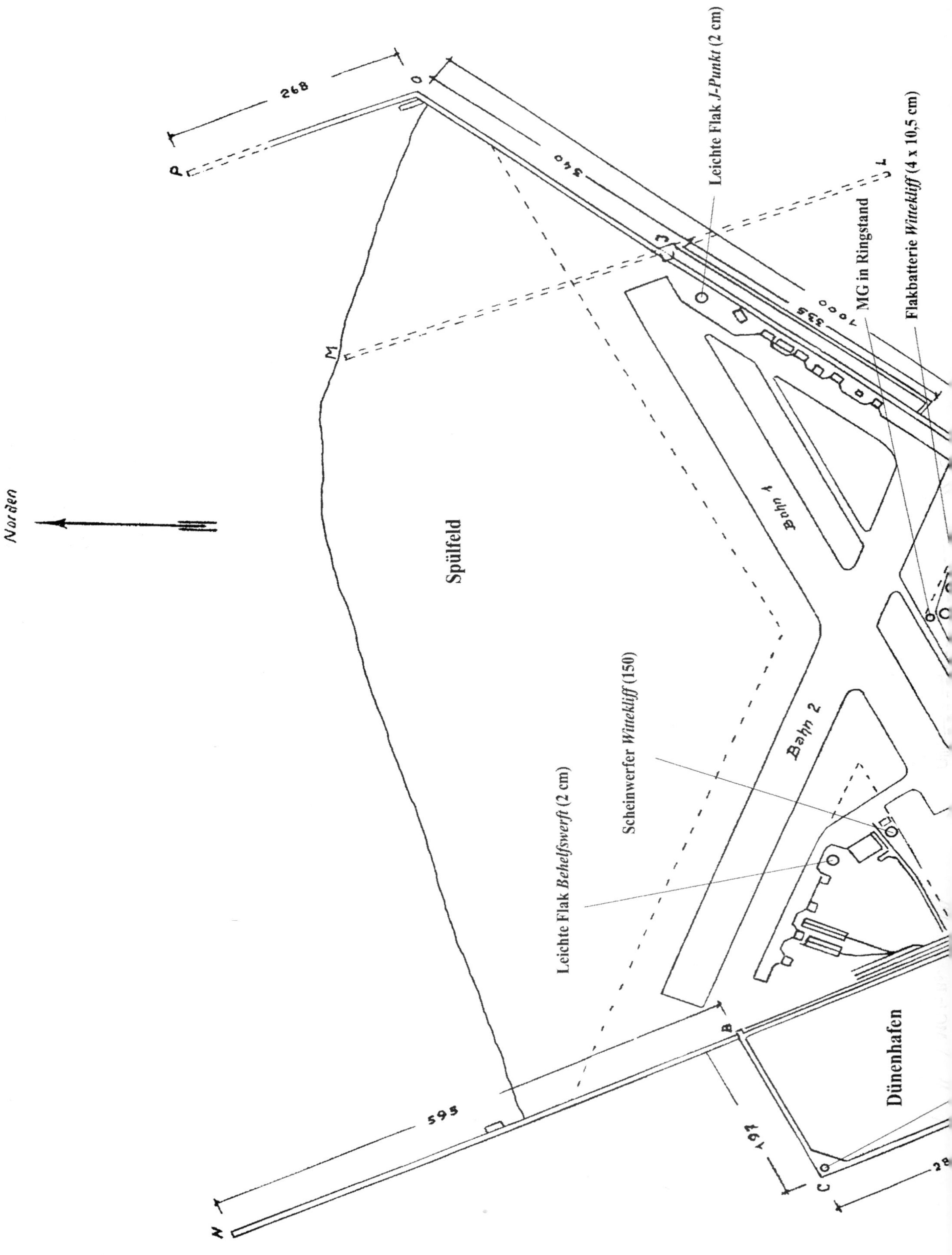

58. *Gesamtübersichtsplan der Düne mit Ergänzungen bis zum Stand vom 6.4.1945*

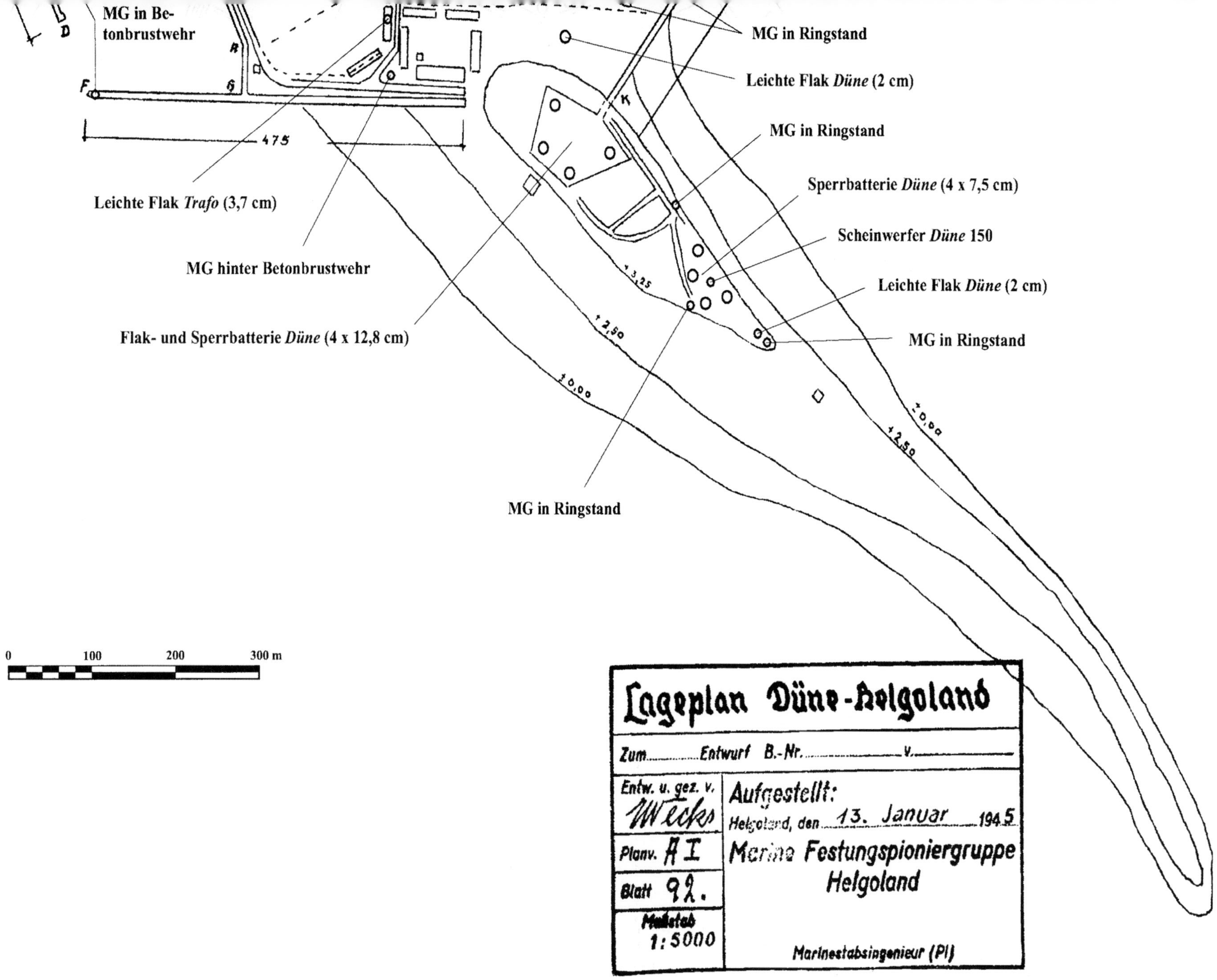
MG in Betonbrustwehr
F
D
A
G
475
MG in Ringstand
Leichte Flak *Düne* (2 cm)
K
MG in Ringstand
Sperrbatterie *Düne* (4 x 7,5 cm)
Scheinwerfer *Düne* 150
Leichte Flak *Düne* (2 cm)
MG in Ringstand
Leichte Flak *Trafo* (3,7 cm)
MG hinter Betonbrustwehr
Flak- und Sperrbatterie *Düne* (4 x 12,8 cm)
+3,25
+2,50
+0,00
MG in Ringstand
0
100
200
300 m
Lageplan Düne-Helgoland
Zum Entwurf B.-Nr. v.
Entw. u. gez. v.
Weck
Aufgestellt:
Helgoland, den 13. Januar 1945
Planv. A I
Marine Festungspioniergruppe
Helgoland
Blatt 92.
Maßstab
1:5000
Marinestabsingenieur (Pi)

59. *Flak-Batterie auf der Düne*

60. *Wirtschafts- und Kasernengebäude der Düne*

Die Düne

Ab 1937 rückte auch die Düne in den Blickpunkt der Wiederaufrüstung. Ein neuer *Dünenhafen* wurde angelegt um schweres Baumaterial auf die Insel bringen zu können.

Molen wurden nach Norden und Nordosten gebaut und zwischen ihnen Sand aufgespült. Felsboden und Molentrümmer die bei der Ausbaggerung des Einsatzhafens anfielen, verwendete man zur Abdeckung des aufgespülten Geländes. Durch diese Maßnahmen wurde die Düne um ein Mehrfaches vergrößert. Gleichzeitig schuf man damit Raum für eine provisorische Landepiste, die auf dem aufgeschwemmten Gelände errichtet werden sollte. Erst mit zwei breiten Betonlandebahnen, die im Juni 1941 angefangen wurden und die sich wie ein verzerrtes X quer über die Düne legten, diente sie als Stützpunkt für Jagd- und Aufklärungsflugzeuge. Bis Ende Januar 1942 waren die beiden Startbahnen, einschließlich dem Aufbringen einer dünnen strukturierten Gußasphaltdecke, soweit es die Aufspülung zuließ, fertiggestellt. Die Landebahnen waren farblich getarnt. Ferner waren die Verbindungsrollbahnen ausgeführt, eine Behelfswerft, eine Tankanlage, eine Feuerwehrbaracke, sowie Kasernen errichtet. Obwohl auch diese Bauvorhaben unter Leitung des Marinehafenbauamtes standen, setzte die Luftwaffe beim Flugplatzbau zusätzlich eine Baukompanie mit ein. Als Abschluß der Bauarbeiten kann die erste Landung einer Me 109 der 1/JG 1 am 21.8.1942 auf der Piste gesehen werden, bei der die Maschine leicht beschädigt wurde.

Im Anschluß an eine Besprechung mit dem Vertreter des OKM, Marineoberbaurat Dr. Trittler, wurden am 23.6.42 die Arbeiten an der Ufermauer Düne-Ost eingestellt. Zu diesem Zeitpunkt war die östliche Begrenzung des noch aufzuspülenden Geländes soweit genügend hergestellt, um größere Sandverluste zu vermeiden bzw. um die Start- und Landebahnen vor größeren Abbrüchen zu schützen.[76]

Nachdem das Luftgaukommando XI eine Verlängerung der Startbahn 2 genehmigt hatte, wurde Anfang Februar 1943 mit diesen Arbeiten begonnen. Bis April 43 war die Startbahn 2 bis auf eine Länge von 795 m fertig betoniert.[77]

Allerdings wurde der Flugplatz in den anfänglichen Kriegsjahren selten benutzt. Er diente später mehr oder weniger, bis auf eine kurze, aber bedeutende Zeitspanne, von April 1943 bis Anfang November für die Jasta Helgoland, nur als Ausweich- und Notlandplatz.

Durch diese Bau- und Einsatzmaßnahmen war die kleine Insel für den Tourismus größtenteils zum Sperrgebiet erklärt worden, so daß ein Badebetrieb nur sehr eingeschränkt möglich war.

Ab 1937 wurden auch die ersten Fla-Geschütze auf die Düne gelegt, die in dem gleichen Jahr einsatzbereit waren und eingeschossen wurden.

Die Bewaffnung der Düne bestand im wesentlichen aus der 4 - 10,5 cm Flak-Batterie *Wittekliff*, in der Mitte der Insel am südlichen Teil des Flugplatzes gelegen, und der 7,5 cm Sperrbatterie *Düne* im Süden (4 Geschütze). Beide Batterien waren wiederum mit leichten Flak von 2 cm und 3,7 cm gegen Tieffliegerangriffe geschützt. 1944 wurde zwischen diese beiden Batterien eine zusätzliche schwere Flak-Sperr-Batterie von 4 - 12,8 cm gelegt. Vermutlich handelte es sich bei diesen Batterien nicht um Marine-Flak, sondern um Luftwaffeneinheiten.

Die Infrastruktur der Batterien bestand aus einem Leitstand, Flakeinheitsständen, Munitionsauffüllräumen, Gruppenunterständen, einem Maschinenhaus, diversen Scheinwerfern und einem *Würzburg-Dora*.

Maschinengewehrringstände sorgten für die notwendige Nahverteidigung im Falle der Gefahr einer gegnerischen Anlandung. Der *Dünenhafen* wurde zusätzlich durch drei Maschinengewehrstände in Betonbrustwehren auf den Hafenmolen geschützt.

Die *Wittekliff Batterie* (4 - 10,5 cm S.K.C/32 in M.P.L.C/30) wurde am 13.1.1945 abgebaut, stattdessen wurde die aus 4 - 7,5 cm Pak bestehende *Batterie Aade* bis zum 24.1.1945 neu aufgestellt.[77]

Im April 1945 sind die Strände und die davor liegende See noch mit Land- und Seeminen gegen Anlandungsversuche vermint worden. [79]

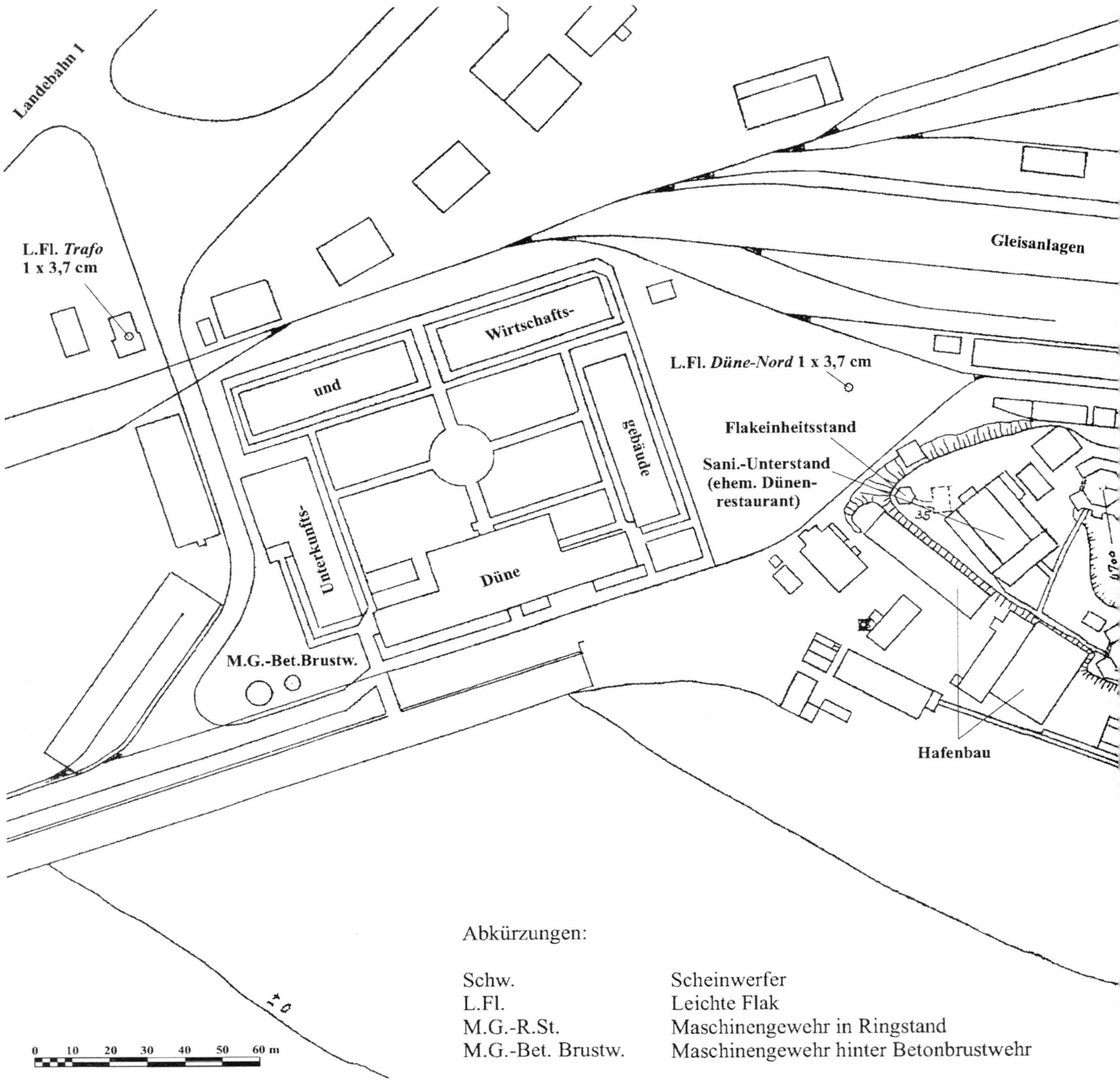

Abkürzungen:

Schw.	Scheinwerfer
L.Fl.	Leichte Flak
M.G.-R.St.	Maschinengewehr in Ringstand
M.G.-Bet. Brustw.	Maschinengewehr hinter Betonbrustwehr

61. *Lageplan der Flak- und Sperrbatterien im Bereich der alten Düne, Stand 6. 4. 1945*

62. *Flugplatzbau auf der Düne. Baustelle bei der Inangriffnahme des Baues. Aufgenommen am 23. 6. 1941*

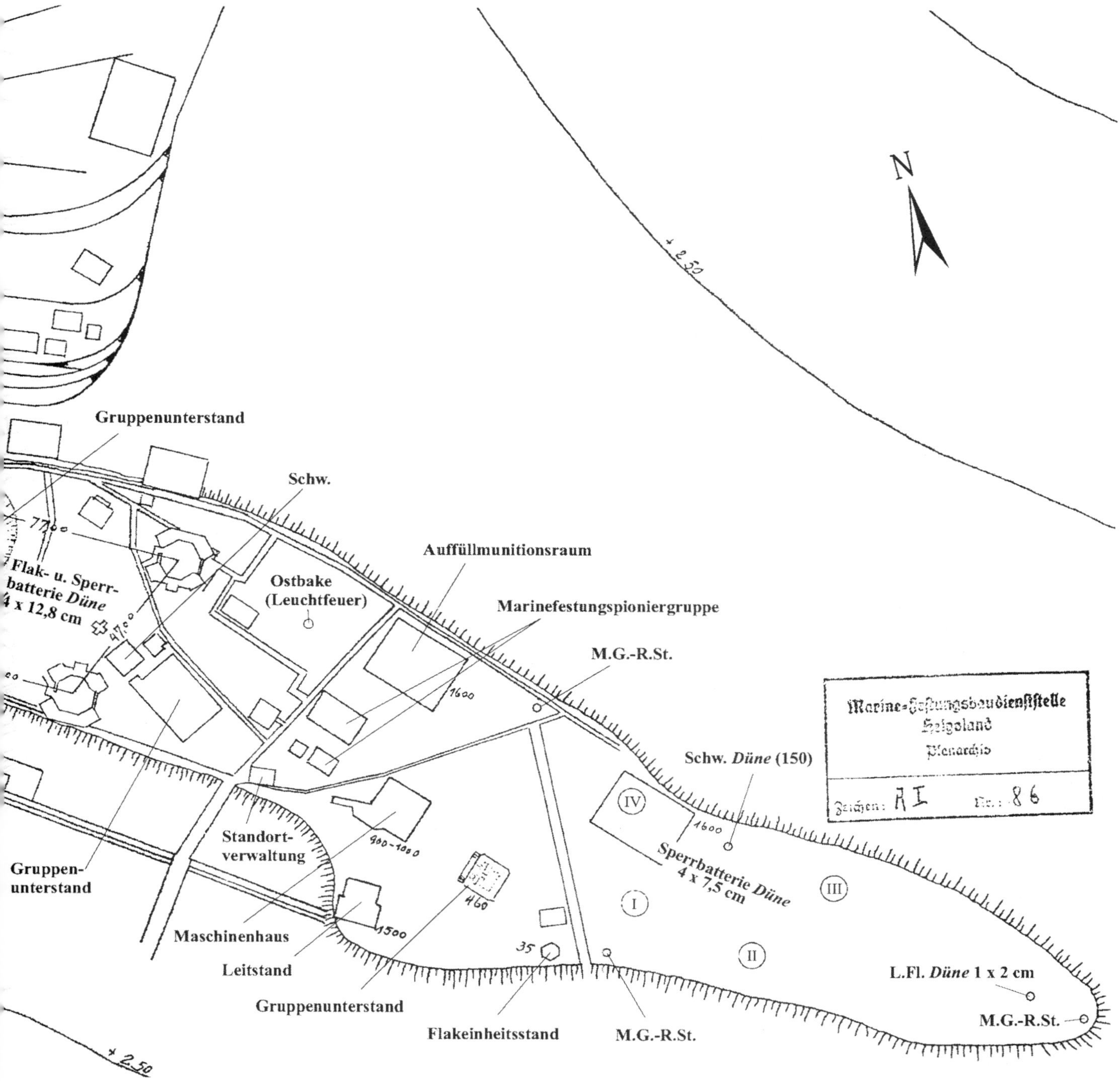

N
+2,50
Gruppenunterstand
Schw.
Auffüllmunitionsraum
Ostbake
(Leuchtfeuer)
Marinefestungspioniergruppe
Flak- u. Sperr-
batterie Düne
4 x 12,8 cm
M.G.-R.St.
Schw. Düne (150)
IV
Sperrbatterie Düne
4 x 7,5 cm
III
I
II
Standort-
verwaltung
Gruppen-
unterstand
Maschinenhaus
Leitstand
Gruppenunterstand
Flakeinheitsstand
M.G.-R.St.
L.Fl. Düne 1 x 2 cm
M.G.-R.St.
+2,50

Ein weitgehend unbekanntes Kapitel der Düne und ihres Flugplatzes ist der oben bereits erwähnte Einsatz der Jagdstaffel "Helgoland" (Jasta), der auch wohl die einzige wichtige Bedeutung für den Flugplatz der Düne hatte. Diese Staffel war von April 1943 bis Oktober bzw. Anfang November 1943 auf der Düne stationiert, bis sie anschließend nach Norwegen verlegt wurde.

Diese Staffel bestand aus Jagdflugzeugen vom Typ Messerschmitt Bf 109 T, die ursprünglich in einer kleinen Serie für den geplanten einzigen deutschen Flugzeugträger "Graf Zeppelin" gebaut wurden. Da dieses Schiff niemals fertiggestellt wurde, standen 46 Maschinen dieses Typs in Pillau. Mit einigen dieser Maschinen wurde die Jasta Helgoland ausgerüstet.

Der Grund für die Aufstellung dieser Jagdstaffel war die ideale Lage der Insel zur Verteidigung der Anmarschwege der gegnerischen Fliegerverbände zu den norddeutschen Häfen. Eine weitere Aufgabe dieser Jagdflieger war auch der Begleitschutz für ein- und auslaufende Schiffe.

Zu dieser Zeit flogen die amerikanischen und englischen Bomberverbände meistens über die Nordsee den mittel- und norddeutschen Raum an und verwendeten Helgoland als Peilpunkt.

Durch die Verlegung von Jagdflugzeugen auf die Düne Helgoland konnte wertvolle Zeit und Raum gewonnen werden, um in der Nähe der Einflugschneisen der alliierten Bomber zu starten.

Zu Beginn der Aufstellung besaß die Jasta Helgoland vier BF 109 T, von denen zwei einsatzbereit waren sowie sechs Piloten aus verschieden Jagdstaffeln.

Staffelkapitän war Oberleutnant Hermann Hintzen. Die restlichen Piloten waren die Unteroffiziere Ewald Herhold, Karl-Heinz Kutzera, Oskar Menz, Otto Turowski und Feldwebel Erich Carius.

Im Laufe der Zeit wurden der Jasta Helgoland weitere Piloten und Flugzeuge zugeführt, so daß zeitweilig über 16 Maschinen im Einsatz waren.

Diese kleine Gruppe von Jagdfliegern bewirkte unter diesen Umständen Erstaunliches. Nahezu tagtäglich im Einsatz gegen anfliegende Bomberströme, schossen sie immer wieder gegnerische Maschinen ab, wurden selbst abgeschossen oder landeten mit beschädigten Maschinen auf der Düne oder dem Festland. Sie selbst hatten zu ihrem Glück nur relativ wenige Opfer zu beklagen.

In ihrer Freizeit genossen sie das Leben auf der Insel. Baden im Meer war für viele der Piloten neu und auch die verschiedenen Sorten zollfreien Alkohols, sowie die gute Verpflegung. Die Helgoländer Mädels bewunderten diese Jagdflieger und manche Liebelei wurde angeknüpft. Am Abend fuhren die Flieger oft mit einem Motorboot nach Helgoland hinüber, um die Mokkastuben bei "Tante Lotte", einem Helgoländer Cafe, zu besuchen, in denen auch ihre Abschüsse gefeiert wurden. In kurzer Zeit kannten viele Helgoländer "ihre" Piloten, bewunderten sie und verfolgten die harten Einsätze. Öfters kamen auch Helgoländer Mädchen auf die Düne, die den Flugzeugführern Bohnenkaffee brachten und ihnen die Zeit zwischen den Alarmstarts mit Kaffeetrinken vertrieben.

63. Ein Pilot der Jasta Helgoland auf der Düne

Am 2.9.1943 kam es zum einem tragischen Unglücksfall als eine Rotte Me 109G aus Jever zu Besuch kam. Eine Alarmrotte der Jasta Helgoland saß noch in den Liegestühlen und stieg sofort auf. In einem simulierten Jagdkampf stürzte einer der Besucher, ein ehemaliges Mitglied der Jasta Helgoland ab. Nach vergeblicher sofortiger Suche wurde die Me 109G aus Jever am nächsten Tag geborgen und der tote Pilot auf Helgoland aufgebahrt. Anschließend wurde er in seine Heimat, nach Chemnitz überführt und dort beerdigt. [80]

64. *Gemälde einer BF 109 T der Jasta Helgoland im Kampf über der Deutschen Bucht.*

65. *Helgoländer Mädels bei einem Besuch der Jasta Helgoland. Zweiter von links ist der Staffelkapitän.*

66. *Würzburg-Riese Gerät auf dem Oberland*

67. *Zwei Würzburg-Riese-Geräte nach der Bombardierung am 18.4.45. Im Hintergrund ein zerstörtes 30,5 cm Geschütz.*

Die Funkmeßgeräte der Insel

Nicht nur für die Marine war die Insel Helgoland als vorgeschobener Posten in der Deutschen Bucht bedeutsam. Auch die Luftwaffe, die später den Flugplatz auf der Düne gebaut hatte, sah Helgoland von Anfang an als wichtigen Stützpunkt, um mit den neu entwickelten Funkmeßverfahren (ähnlich dem Radar), die Deutsche Bucht und deren Luftraum zu überwachen.

Die Insel, die während des Krieges als Peilpunkt für die gegnerische Luftwaffe bei Einflügen nach Deutschland diente, um militärische Anlagen und Städte zu bombardieren, wurde immer wichtiger für das Frühwarnsystem der deutschen Luftwaffe.

1942 soll für den Dunkelnachtjagdraum *Hummer* (Helgoland), im Nachtjagdverfahren über der Deutschen Bucht, eine *Flugmeßstellung 1. Ordnung* errichtet worden sein. Diese Angaben sind allerdings nur teilweise gesichert und nicht durch Archivunterlagen belegt.

Die Nachtleitstandstellung *Hummer* auf dem Oberland sollte aus 1 *Drehfreya mit Kennung*, 1 *Wassermann-M*, 1 *Freya mit Kennung*, 2 *Würzburg-Riesen* und einer *Y-Linie* bestehen. Die Bedienung gehörte zur LN-Einheit 232.[81] Diese Geräte sollten eigene, wie auch feindliche Flugzeuge voneinander unterscheiden können.

Durch erhaltene Fotoaufnahmen aus Privatbesitz kann jetzt belegt werden, daß diese Funkmeßstellung der Luftwaffe existiert hat.

Ob dieser Nachtjagdleitstand in dem üblichen Unterstand für FuMG (Funkmeßgerät), dem *Jafü-Berta* Bunker lag, ist aus der Quellenlage nicht ersichtlich. Ein aufgefundener Plan deutet darauf hin. Jedoch gibt es bisher keine Hinweise auf den Bau selbst, wie auch auf den genauen Standort.[82] Dieser Stand ist offensichtlich nicht mehr gebaut worden. Allerdings gibt es aus Zeitzeugenberichten Hinweise, daß im Bereich zwischen der Batterie *v. Schröder* und dem *Flagruko* von Kriegsgefangenen im Jahre 1944 eine größere Baugrube angefangen wurde.

Gesichert ist auch, daß die Luftwaffe auf Helgoland bis Kriegsende Erprobungen von Funkortungsgeräten und Funkmeßverfahren vornahm.

Im Verlauf der Nachtjagd wurde auch der Flugplatz auf der Düne zeitweilig genutzt.

Nicht nur die Luftwaffe verwandte diese Funkmeßverfahren, sondern auch die Marine, die diese Ortungswerte in Zusammenarbeit an das Flagruko weitergab, das die gewonnenen Daten wiederum an die Marineflakbatterien und die schweren Küstengeschütze übermittelte. Dadurch wurde die Genauigkeit der Erfassung einfliegender Flugzeuge, wie auch sich nähernder Schiffe, verbessert und damit auch die der üblichen Entfernungs- und Parallaxenmesser.

Die ersten 1939 von der Marine auf der Insel aufgestellten *Dete-Geräte* (Bezeichnung für Dezimeterwellentelefon), von den Soldaten, wegen seiner Form *Matratze* genannt, konnten gegnerische Flugzeuge bis zu einer Entfernung von max. 150 km erfassen und deren Kurs und Geschwindigkeit messen und aufzeichnen.

Ein *EM III* Gerät stand auf der äußersten Nordspitze, ein *EM III* auf der Südspitze. Ein weiteres Nahzielgerät (*EM II*) für Schiffsziele und Tieflieger hatte seinen Standort auf der Mittelkaserne. Diese *EM*-Geräte wurden als Vorläufer später durch sogenannte *Freya*-Geräte ersetzt.

Diese ersten und auch die weiteren Geräte, die als Versuchsgeräte auf der Insel aufgestellt waren, hatten allerdings mehr Ausfälle als Einsatzbereitschaft und wurden im Laufe der Zeit immer wieder ausgetauscht und durch neuere und bessere Geräte ersetzt.[81]

Allein zwischen dem 1.11.1940 und dem 19.11.1940 fielen die *EM* - Geräte, oft auch nur durch Stürme, 21 mal total aus. Allerdings waren die ersten Funkmeßgeräte technisch auch noch nicht ausgereift.

Die Flak-Batterien und die Küstenbatterien *Jacobson* und *v. Schröder* besaßen jeweils eigene FuMGs (Funkmeßgeräte), um unabhängig zu sein. So stand z.B. im Hauptleitstand der Batterie *v. Schröder* ein Rechner, mit dem die vom FuMG *Würzburg-Riese* gelieferten Werte, allerdings handschriftlich, umgerechnet werden mußten.[84]

Wie bereits beschrieben, beschossen am 9.10.1943 die 30,5 cm Geschütze der Batterie auf dieser Basis, quasi als überschwere Flak, zum ersten Mal gegnerische Bomberpulks. Allerdings fielen bei diesen Schüssen öfters die Funkmeßanlagen aus, die aus Röhrengeräten bestanden. Durch den Abschußknall wurden die Röhren beschädigt und platzten.

Nach einer deutschen Marine-Aufstellung vom Mai 1945 bestanden auf der Insel folgende FuMO- (Funkmeßortung) und Fumb- (Funkmeßbeobachtung) Geräte:

1. FuMO 2 (Seetakt) der Fa. Gema, mit einem Fahrstand und einem Drehbereich von 360°, Spiegel 2 x 6 Metern, (Calaisgerät).

2. FuMO 5 (*Seetakt*) gleicher Bauart w.o., jedoch mit einem Spiegel von 5 x 6 Metern (Boulognegerät).

3. FuMO 11 (*Seetakt*) mit einem Spiegeldurchmesser von 3 m.

4. Fumo (*Flum*) 40G u. 41G, bei der Luftwaffe als *Freya* Geräte bezeichnet, Spiegel 5 x 6 Meter.

Die *Seetakt* - Geräte dienten zum Aufspüren von sich nähernden Schiffen und Flugzeugen, der Entfernungsmessung für die Küstenbatterien und deren Peilung.

Ein Flak - FuMO 214 (*Würzburg-Riese*) diente der Entfernungsmessung und Anpeilung von sich nähernden Flugzeugen und deren Höhenmessung. Es wurde auch zur Führung bei der Nachtjagd benutzt. Es handelte sich hier auf Helgoland um eine Sonderausführung. Der Spiegeldurchmesser betrug 7,5 m, die Reichweite lag bei etwa 60 km. Einige dieser Geräte waren für Zwecke der Marine umgebaut. So befand sich ein weiteres *Würzburg-Riese* Gerät bei der Batterie *v. Schröder* zur Ergänzung und Verbesserung der vorhandenen Seetaktgeräte.

Den *FuMB*-Stellen (Funkmeßbeoabachtung) wurden mit den Standorttarnnamen *Helgoland 1* ein

68. *Blick vom Flagruko zur Nordspitze. Im Vordergrund das Wassermann Gerät.*

69. *Ein sogenannter "Chinesenstand" auf der Nordspitze*

*Samos*gerät, ein *Fanoe*gerät und ein *Korfu 812* zugeteilt. In *Helgoland 2* standen nur ein *Samos-* und ein *Fanoegerät*, Das *Korfu 812* war beim Luftangriff am 18.4.45 zerstört worden. Diese Geräte scheinen aber gegen Ende des Krieges erst im Bau gewesen zu sein. Das *Korfu 812* sollte als Flak-Kontrollsystem dienen. Näheres ist zu diesen Typen nicht bekannt.[85]

Dem Flugmeldedienst (*Flum*) dienten drei FuMG 80 (*Freya*) Geräte im Norden, Westen und Süden der Insel, die die ehemaligen *Dete II* Geräte ersetzten. Diese FuMG dienten der Entfernungsmessung und Peilung sich annähernder Flugzeuge, konnten aber die Höhe nicht erfassen.

Die vier Flak-Batterien waren unabhängig mit *Würzburg-D* Geräten ausgestattet. Diese Geräte zeigten die Höhe und Entfernung des gegnerischen Flugzeuges an und konnten über komplizierte Berechnungen das Feuer der Fla-Geschütze und die Scheinwerfer führen.
Unbeeinflußt von Wolkenschichten konnte das *Würzburg*-Gerät, nachdem eine Granate abgefeuert war, die Entfernung errechnen, die ein gegnerischer Bomber zurücklegen würde, und entsprechend die Schußwerte korrigieren. Wenn ein Bomber von den Funkmeßgeräten erfaßt wurde, aktivierte es einen Hauptscheinwerfer, aus dessen Kegel er nur schwer entkommen konnte. In der Theorie folgte kurz darauf der Abschuß - und steil ansteigende Verluste der RAF bestätigten die Wirksamkeit des *Würzburg*-Systems.

Die Batterie Nordspitze verfügte als einzige über ein FuMO 201, das als Funkmeßortungsanlage des Flakkommandogerätes 41 diente. Es bestand aus einem ortsfesten Drehstand mit Minimumpeilung für Seitenwinkel, Höhenwinkel und Feindentfernung, sowie einem Wechselstromübertragungssystem für Seiten-, Höhenwinkel und Entfernung. Der Schwenkbereich betrug von der 0-Stellung nach jeder Seite 360°.[86]

Ein in Zeitzeugenberichten mehrfach erwähntes *Wassermann*-Gerät, das als Peilgerät eine Reichweite von 300 bis 600 km und eine Höhe von 40 m gehabt haben soll, stand neben dem Flagruko. Hier weisen eine Bodenplatte und Verankerungen einige Meter nördlich des heutigen Leuchturmes noch heute auf dessen Existenz hin.

Bei dem am 18.4.1945 erfolgten Angriff durch die Alliierten wurden sämtliche Funkmeßgeräte auf der Insel zerstört. Der erneute Angriff am folgenden Tag konnte deshalb nicht vorgewarnt werden.

Bisher konnte von uns allerdings auch nur ein Teil der Standorte all dieser Vorläufer der Radargeräte lokalisiert werden.

Dadurch, daß die Entwicklung der Funkmeßgeräte und der mehrfache Wechsel der Bezeichnungen nicht nur für den Laien sehr verwirrend ist, und die Autoren auch keine Fachleute für Funkmeßverfahren sind, kann hier nur der Versuch unternommen werden, aus verschiedenen Unterlagen Rückschlüsse über Zweck, Aufstellung und Verwendung auf der Insel zu ziehen.

70. *Matrosen bringen einen Verletzten in den provisorischen OP in der Raumanlage.*

Die Insel nach Kriegsausbruch

Mit dem Ausbruch des Zweiten Weltkrieges veränderte sich auch die kleine Welt der Insel.

Obwohl die Bauarbeiten ungestört weitergingen, wurde die Insel in Kriegsbereitschaft versetzt.

Im Gegensatz zum Beginn des Ersten Weltkrieges wurden diesmal die Einwohner der Insel nicht auf das Festland evakuiert, sondern konnten auf Helgoland verbleiben.

Innerhalb weniger Tage kamen junge und gut ausgebildete aktive Offiziere und Mannschaften auf die Insel, um die Geschütze und Verteidigungsanlagen zu besetzen. Auch wurden Hotels und öffentliche Gebäude okkupiert, die für den Ernstfall provisorisch als Lazarette und Hilfskrankenhäuser, sowie für sonstige militärische Einrichtungen dienen sollten.

Wie beispielsweise der langjährige Inselarzt berichtet, hörte er von einer kompletten Lazaretteinrichtung, die in Kisten verpackt in einer der Kasernen lag. Mit Hilfe von Freunden packte er diese aus, um in der Raumanlage einen perfekt ausgerüsteten Operationssaal, bombensicher und ruhig auszubauen.[87]

Die schmucken, weißen Bäderdampfer legten plötzlich grau und in Tarnfarben an der Insel an. Sie dienten nun als Transporter für Munition, Waffen und Seeminen.

Die ersten Luftalarme fanden statt, erwiesen sich jedoch anfangs nur als Fehlalarme.

Englische Aufklärer tauchten fast täglich auf und umrundeten die Insel in sicherer Entfernung der Fla-Geschütze. Die schweren Geschütze der Küstenartillerie begannen mit Probeschießen, die Flak-Artillerie übte.

Der militärische Alltag überrollte die Insel und wurde zur Tagesordnung.

Dieses sollte sich jedoch am 3.12.1939 schlagartig ändern, als zur Mittagszeit 21 englische Bomber zum ersten Luftangriff auf Helgoland anflogen.

Auf der Düne fielen bei diesem Angriff 17 Bomben, davon acht auf die auf der Südreede liegenden M-Boote. Fünf Einschläge erfolgten auf dem Nordost-Gelände, drei neben der Batterie *v. Schröder* und ein Einschlag ging neben der Westmole ins Wasser.

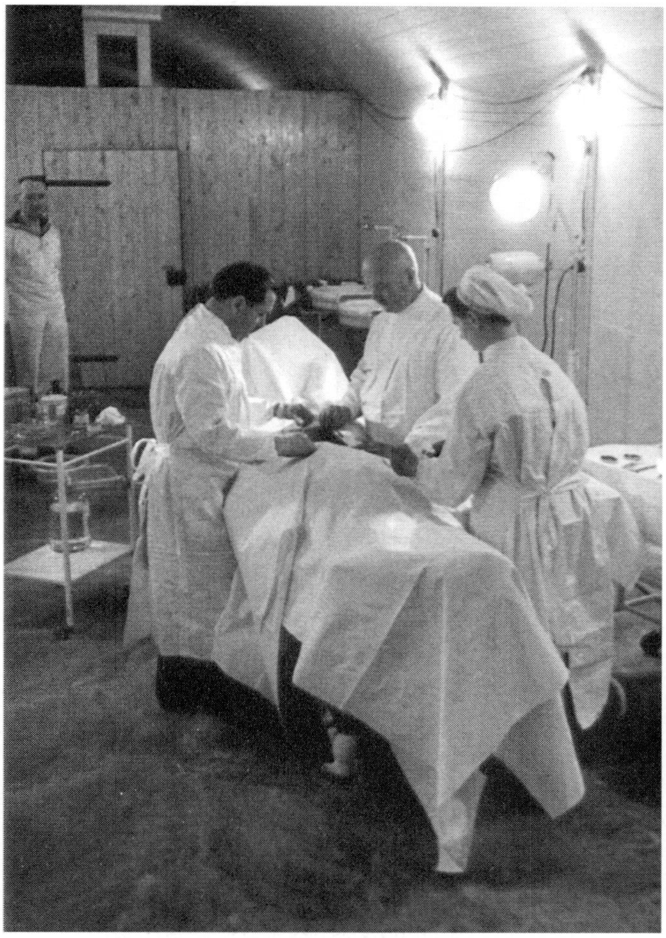

71. *Marineärzte während einer Operation.*

Es gab glücklicherweise weder Tote, noch Verletzte. Nur ein M-Boot wurde versenkt.

Das Feuer der Flak-Batterien lag zwar gut, allerdings wurde nur ein Treffer auf einem der Flugzeuge beobachtet, jedoch kein Abschuß.[88]

Auch wenn bei diesem ersten Angriff weder Tote noch Verletzte zu beklagen waren, hatte sich gezeigt, wie trügerisch das Bild jener starken Festung war die Helgoland symbolisierte, und so mancher Insulaner begann zu erahnen, was die Zukunft für die Insel bringen sollte.

Die Anfangsjahre waren bis auf die englischen Aufklärer und einigen Bombenangriffen, die keine großen Schäden verursachten, relativ ruhig für die Insel. Erst später zwangen die nahezu täglichen Einflüge der Allierten, die Helgoland als Markierungspunkt für ihre Einflüge nach Deutschland benutzten, die Soldaten oft Tag und Nacht auf Alarm- und Gefechtsstation und die Zivilbevölkerung in die Bunker.

1940 verließen nach und nach die aktiven Marineoffiziere die Insel, um am Atlantikwall oder in Skandinavien und anderen Orten eingesetzt zu werden. Zurück blieben oder ersetzt wurden sie durch meist ältere Reserveoffiziere, die in Zivilberufen Lehrer, Rechtsanwälte, oder Angestellte waren.

Ebenso wurden die jüngeren Bau- und Hafenarbeiter eingezogen. Dafür wurden russische Kriegsgefangene auf die Insel gebracht, darunter auch Offiziere, die den Weiterbau der Hafenanlagen übernehmen mußten.

Hier liefen die Baumaßnahmen an den Hafenbauprojekten und dem U-Bootbunker auf Hochtouren weiter. Der durchschnittliche Geräteeinsatz vom August 1940 läßt das Ausmaß der Bautätigkeiten zumindest erahnen. Danach waren u.a. 22 Lokomotiven (1000 mm Spur), 27 Lokomotiven (600 mm Spur), 602 Loren und Muldenkipper, 51 Betonmischmaschinen sowie 49 Raupen-, Schienen- und Werkplatzkräne im Einsatz, die sowohl aus Beständen der Kriegsmarine, wie auch der zivilen Baufirmen stammten.[89]

Im April 1941 erreichte der Kräfteeinsatz des Marinehafenbauamtes einen Stand von 2383 Gefolgschaftsangehörigen für den Hafenbau. Im gleichen Monat wurden, wohl in Hinblick auf die Fertigstellung des U-Bootbunkers und dem Flugplatzbau, weitere 351 Facharbeiter, 297 Hilfskräfte und 304 italienische Arbeitskräfte angefordert.

Mitte 1941 wurde noch eine Ballonsperre in 500 m Höhe als Schutz gegen Tiefflieger eingesetzt.

Eine Aufstellung über die Bewaffnungsstärke der Insel vom 5. Juni 1944 vermögen folgende Zahlen zu verdeutlichen:

Betr.: Verteidigung Helgoland
Seezielbatterien:
3/30,5 cm, 3/17 cm, 4/7,5 cm (437 Mann)

Flak: *16/ 10,5 cm (4 Batterien):*
12/ 4 cm
18/ 2 cm
8/ 150 cm Scheinwerfer
1/ 200 cm Scheinwerfer
3/ 60 cm Scheinwerfer

Leichte Inf. Waffen:
1424 Gewehre
45 M.G.'s
103 Pistolen
47 Maschinenpistolen

Besatzungsstärke:
38 Offiziere
55 Port. Unteroffz.
1440 Unteroffz. u. Mannschaften.[90]

In den letzten Kriegswochen wurden die Strände und vor allem das Nordost-Gelände noch stark vermint.

Aus verschiedenen Berichten von Zeitzeugen geht hervor, daß zwei Lager für russische Kriegsgefangene auf der Insel bestanden. Eines lag in der Nähe des *Nordosthafens* auf dem Unterland und bestand im wesentlichen aus Offizieren und sogar Kommissaren. Ein weiteres Lager bestand aus einer Baracke zwischen dem Flagruko und der *Falm*-Batterie auf dem Oberland, wie bereits oben beschrieben. Auch bei der Nordspitze soll eine Baracke für russische Kriegsgefangene gestanden haben. Den Soldaten und der Zivilbevölkerung war die Annäherung an diese Lager streng untersagt. Wehrdienstuntaugliche Helgoländer bewachten die Baracken.

Die Gefangenen wurden anfangs zu den Hafenbauarbeiten, später an den verschiedenen Geschützen als Munitionsträger eingesetzt. Ebenso soll eine Dienstelle der *Wlassow*-Armee auf der Insel stationiert gewesen sein, die Anwerbungen unter den sowjetischen Gefangenen versucht haben soll.

In der Nacht nach der Bombardierung Helgolands am 18. April 1945, wurden diese Kriegsgefangenen auf das Festland verbracht. Wie viele Opfer der Bombenangriff bei ihnen gefordert hat, ist nicht bekannt, ebenso ihr weiteres Schicksal.

Leider finden sich zu diesem Thema keine Unterlagen in den Militärarchiven.

Das Ende

Mit den am 18./19. April 1945 erfolgten verheerenden Bombenangriffen auf Helgoland, wurden nicht nur nahezu alle zivilen Gebäude und militärischen oberirdischen Gebäude und Einrichtungen zerstört, sondern auch ein kleiner Teil der unterirdischen Anlagen. Glücklicherweise forderte die Bombardierung unter der Zivilbevölkerung nur 18 Opfer, allerdings um so mehr an den Flak-Batterien, besonders unter den jungen Marinehelfern. Die offiziellen Angaben liegen bei 128 Toten (116 Soldaten und 12 Zivilisten) und 13 Vermißten.[91] Wie viele Marinehelfer und russische Kriegsgefangene wirklich gefallen sind, wird sich wohl niemals aufklären lassen, wie ein Skelettfund, vermutlich eines Marinehelfers, 40 Jahre nach Kriegsende zeigt.

Auf die Einzelheiten dieser schrecklichen und sinnlosen Zerstörung der Insel wollen die Autoren bewußt nicht eingehen, weil sie von vielen Überlebenden besser und authentischer in anderen Berichten und Büchern überliefert sind. Ebensowenig können wir zu der mutmaßlichen Verschwörung einiger Helgoländer und Soldaten, die zu einer kampflosen Übergabe der Insel führen sollte, Stellung nehmen oder beitragen.[92] Die Suche nach Unterlagen in verschiedenen Archiven zur Aufklärung darüber, führte auch bei uns zu keinem Erfolg.

Über diesen Vorgang ist nur ein Telegramm des Admirals Deutsche Bucht an den Sicherheitsdienst des Oberkommandos der Marine, 1. Seekriegsleitung, vom 19.4.1945, 17:20 Uhr erhalten.

Geheime Kommandosache/Chefsache/nur durch Offizier—

Anzeichen Meuterei auf Helgoland am 18/4/45 nachm. gemeldet. Hauptbeteiligte, 10 Soldaten, darunter 2 Fähnriche und 2 Hauptfeldwebel sowie 5 Zivilisten, durch überraschenden Zugriff am 19/4 festgenommen.-

Zweck: Beseitigung des Kommandanten und der Offiziere und kampflose Übergabe der Insel an den

72. *Luftaufnahme der Düne am 18.4.1945 kurz vor dem Angriff. Zu spät wird versucht die Insel künstlich einzunebeln.*

73. *Nach dem Angriff: Blick von der Falm-Batterie auf das zerstörte Unterland*

74. *Reste der Westklippen Batterie*

Feind. Weitere Beteiligte unter Besatzung und Bevölkerung anzunehmen. Untersuchung durch Kriegsgericht und GESTAPO läuft. Beabsichtigte Aburteilung auf Insel durch Luftangriff 18/4 behindert, stattfindet nunmehr Cuxhaven, wohin obige 15 Personen Nacht 18.-19.4. überführt.

ADM Deutsche Bucht BNR 52/45 GKDOS CHEFS+ [93]

Zum Angriff am 18.4.1945 teilt das KTB des Admirals Deutsche Bucht (das KTB Helgoland für diese Zeit ist nicht mehr vorhanden) folgendes nüchtern mit:

Mittags fliegen starke feindliche Bomberverbände mit Ostkurs Helgoland an und greifen die Insel und die Düne von 1225 - 1355 Uhr laufend mit Sprengbomben an. Die Zahl der beteiligten Feindflugzeuge wird auf über 500 geschätzt.

Abwehr: durch schwere Flak Helgoland und Wangerooge.
Abwehrerfolg: 2 Abschüsse durch Marine-Flak Helgoland.
Bisher bekannte Schäden:
50 Soldaten gefallen
150 Soldaten verwundet.

Art. und Flak ausgefallen bis auf 1 Batt. 10,5 cm, 2 - 30,5 cm Geschütze, 1 - 15 cm LG, 1. Flak zu 2/3 ausgefallen. Nachrichtennetz vollständig unterbrochen. Strom größtenteils ausgefallen. Wassermangel, Ölbunker zerstört, U-Bunker unbeschädigt. U-Boots-Instandsetzung nicht mehr möglich.

Über 95 % Häuserschaden, 2000 Obdachlose.

Am folgenden Tag ist im gleichen KTB zu lesen:

Zwischen 1708 und 1736 erfolgt ein weiterer Bombenangriff auf Helgoland durch einen "Lancaster"-Verband mit schwersten Sprengbomben. Meldungen über Schäden durch gestrigen und heutigen Luftangriff sind sehr lückenhaft, sodaß sich leider noch kein vollständiges Bild über tatsächliche Schäden und Ausfälle gewinnen läßt.[94]

Im Wehrmachtsbericht vom 19.4.1945 wird kurz erwähnt:

Das Reichsgebiet wurde bei Tag von stärkeren Kampfverbänden angeflogen, die vor allem die Insel Helgoland und mehrere kleine Städte in Süddeutschland angriffen, und am 20.4., *Die Insel Helgoland wurde gestern erneut von britischen Bombenflugzeugen angegriffen.*[95]

Gemäß dem Einsatz-Bericht des englischen Bomber-Kommandos galt der Angriff am 18.4.45 den Geschützen auf Insel, Hafen und Düne, sowie den Hafenanlagen und dem Flugplatz. Der Angriff wurde von insgesamt 981 Flugzeugen geflogen, wobei 684 Maschinen auf die Hauptinsel, 160 auf die Düne und 125 auf den Hafen angesetzt waren. 12 weitere Maschinen agierten als Wegweiser bzw. Aufklärungspatrouille. Wie der Bericht weiter vermerkt, gingen bei dem Angriff lediglich drei Bomber verloren (zwei durch Flak Helgoland, eine fiel mit brennendem Motor in die See), deutsche Jägerabwehr war nicht vorhanden.

Der folgende Angriff tags darauf galt in der Hauptsache den schweren Seezielbatterien und dem U-Bootbunker. Dabei wurden überwiegend Spezialbomben des Typs *Grand Slam* mit einem Gewicht von rd. 10 t eingesetzt.

Durch den Großangriff auf Helgoland vom 18/19.4.45 wurden der gesamte Wohnraum und die Versorgungsbetriebe Helgolands zerstört, woraufhin der Festungskommandant die Evakuierung von 2000 Zivilisten beantragte. Nachdem noch am An-

75. Der getroffene, aber sonst unzerstörte Flagruko, der umgebaut, als heutiger Leuchtturm noch auf der Insel erhalten ist.

76. Zerstörtes Geschütz auf dem Oberland, vermutlich handelt es sich um die 15 cm Leuchtkanone der Batterie Jacobson

griffstag ein Offizier unter dem Geleit von mehreren Räumbooten nach Helgoland in Marsch gesetzt worden war um die Lage zu erkunden, wurde nach seiner Rückkehr am 19.4.45 die sofortige Evakuierung der Zivilbevölkerung durch den *Admiral Deutsche Bucht* in die Wege geleitet.

Noch in der gleichen Nacht wurden etwa 1200 Zivilpersonen, weitere 800 in der Nacht vom 20.-21.4.45 mit Sperrgeleit nach Brunsbüttel überführt.[96]

Am 21.4.45 geht beim Admiral Deutsche Bucht folgender Befehl des MOK Nord ein:

2. Betr.: Zerstörung und Lähmung Weser- und Elbehäfen.
MOK Nord übermittelt ... folgenden Befehl:
Ob.d.M. hat für Helgoland, Weser- und Elbehäfen einschl. der Werften und deren Werkstätten Zerstörungsmaßnahmen aufgehoben. Diese Werften und Werkstätten sind demzufolge im Räumungsfalle nur nachhaltig zu lähmen.[97]

Der Hintergrund dieser Anweisung lag im strikten Befehl Hitlers, den Alliierten nur verbrannte Erde zu hinterlassen, was zweifellos auch der deutschen Zivilbevölkerung kaum eine Überlebenschance gelassen hätte. Allerdings entbehrt dieser Befehl nicht der Ironie, da es in Helgoland wohl kaum noch etwas zu zerstören oder zu lähmen gab.

Am 21.4.1945 meldete der nach Helgoland gesandte Waffenoffizier des Arsenals Cuxhaven über die Gefechtsbereitschaft der Insel:

1) Seezielbattr.: "Schröder" 2 - 30,5 cm Handbetrieb, 1 - 15 cm Leuchtgeschütz.-
"Jacobson" 1 - 17 cm,- "Mole" 3 - 10,5 cm,- "Jade" 4 - 7,5 cm Pak C/40.- "Düne" 2 - 7,5 cm holl. 4 LAG 7,62 cm.-
2) Flakbatt: "Nordspitze 3 - 10,5 cm, "Falm" 2 - 10,5 cm.-
3) Leichte u. mittlere Flakwaffen: 3 - 4,7 cm,- 9 - 3,7 cm,- 7 - 2 cm.-
Innerhalb einer Woche werden klar:
"Jacobson" 2 - 17 cm,- "Mole" 1 - 10,5 cm,- "Düne" 2 - 7,5 cm holl.- "Westklippe" 1 - 10,5 cm,- "Falm" 1 - 10,5 cm, 2 - 3,7 cm, 1 - 2 cm Vierling, 2 - 2 cm.- Leitstände aller Batterien unklar. Größe des Schadens u. Reparaturmöglichkeit erst nach Aufräumungsarbeiten feststellbar. Ausfall sämtlicher FX-Meßgeräte (Funkmeß- und Ortungsgeräte).-
Muni: 2 Munibunker mit 17 cm Kartuschen ausgebrannt. Sonst kein Muni-Schaden.-
Für Seezielbattr. 10 - 15% Verlust durch Verschüttung u. Deformierung. Bei Flak ist mit ca. 30 - 40% Ausfall zu rechnen, da größere Bestände Bereitschaftsmunition am Geschütz.
1 - 15 cm Leuchtgeschütz, 2 - 12,8 cm Flak in ca. vier Wochen wieder einsatzklar.-
U-Bootsbunker klar bis auf Ladestrom. Sauerstoff

bedingt. Strom für Werkmaschinen in 3 - 4 Tagen eingeschränkt klar. Ausrüstung U-Boote mit Torpedos wegen Verschüttung Lagereingänge u. Zerstörung Zufahrtsstraßen auch für längere Zeit nicht möglich, Kai-Anlagen 30% benutzbar. Sämtliche Kräne unklar.[98]

In der Anlage 4 zum KTB des Admirals Deutsche Bucht vom 30.4.1945 steht unter Ausfällen durch die Luftangriffe am 18. u. 19.4.45 auf Helgoland:

Batt. Wittekliff	*mit 4 - 12,8 cm Flak*
Batt. Westklippe	*mit 3 - 10,5 cm Flak*
Batt. Nordspitze	*mit 1 - 10,5 cm Flak*
Batt. Falm	*mit 1 - 10,5 cm Flak*
4 - 7,5 cm FK 243 (holl.)	

Lakonisch wird dazu gemeldet, daß sich erst im Laufe der Aufräumungsarbeiten feststellen läßt, ob ein Teil der ausgefallenen Geschütze repariert werden kann.[99]

Diese wenigen oben zitierten Sätze sagen genug über den Zustand der Insel aus, auch wenn sie die Zivilschäden und die Menschen nicht erwähnen. Wie Hohn klingt das Telegramm der Seekriegsleitung an den Admiral Deutsche Bucht vom 22.4.45:

Betr.: Verteidigungsbereitschaft Helgoland.

Überragende Bedeutung, die Helgoland als vorgeschobener Stützpunkt für Verteidigung der Deutschen Bucht und als Absprungbasis für Kleinkampfmittel (Seehunde) besitzt, erfordert, Insel so schnell wie möglich wieder in einen Verteidigungszustand zu setzen, der Landung und Inbesitznahme durch Gegner unter allen Umständen ausschließt.[100]

Der Seekommandant Elbe-Weser beantwortet dieses Telegramm am 26.4.45 wie folgt:

Betr.: Verteidigungsbereitschaft Helgoland.-
1.) Schwere Seezielartillerie zu 66 Proz. klar, nämlich 2 - 30,5 cm u. 2 - 17 cm, 3 -17 cm in etwa 14 Tagen. Keine weiteren Maßnahmen beabsichtigt.-
2.) Flak-Art. zu 40 Proz. klar, nämlich 3 - "Nordspitze" u. 3 Geschütze "Falm" E-Meßgerät wird zugeführt. Weitere Maßnahmen nicht beabsichtigt wegen Zerstörung übriger Bettungen.-
3.) Hauptziel: Verstärkung Landeabwehr u. Inf. Verteidigung.
Hierzu beabsichtigt Einsatz 6 - 2 cm Automaten in Scharten der Spirale. Sicherung der Geröllhalde durch flankierungseinzubauende schwere Inf. Waffen eingeleitet. Zuweisung 10 MG hiermit beantragt. Einsatz gut bewaffneter Insel Komp. vordringlich. LAG`s klar.-
4.) Wiederherstellung Fernsprechverkehr, Hafenbefeuerung, Versorgung usw. eingeleitet beantrage sofortiges Werfen Minensperre Nordreede.-
Abschließende Beurteilung: Feindlandung wahrscheinl. möglich, Inbesitznahme Oberland jedoch bereits heute schwierig, nach Durchführung Maßnahmen zu 3.) nur bei erheblichen Aufwand an Zeit und Opfern =[101]

Doch dazu sollte es nicht mehr kommen, denn wenige Tage später erläßt der Chef des OKW den Waffenstillstandsbefehl im Bereich Nordraum:

77. *Volltreffer auf eine 10,5 cm Flak der Nordspitze. In der umgestürzten Drehhaube das Geschütz.*

Am 5.5.45 08.00 Uhr deutsch. Sommerzeit Waffenruhe gegenüber den Truppen des Feldmarschalls Montgomery. Sie umfaßt alle Verbände des Heeres, der Kriegsmarine, der Luftwaffe und der Waffen-SS im Bereich ... Friesland einschl. der West- und Ostfriesischen Inseln und Helgoland ...

Truppe bleibt mit ihren Waffen in Stellung. In See befindliche Transportbewegungen der Kriegsmarine laufen weiter. Keinerlei Zerstörungen, Schiffsversenkungen und Kundgebungen. Sicherung aller Vorräte. Gehorsam und Disziplin mit eiserner Strenge aufrecht erhalten. Weitere Befehle folgen.

Gez. Keitel

Es folgte die bedingungslose Kapitulation am 8.5.45 und der die damit verbundene Internierung von Schiffen, einschließlich deren Besatzungen, an den gegenwärtigen Liegeplätzen.

Nach einer Bestandsaufnahme des Admirals Deutsche Bucht befanden sich am 10.5.45 auf Helgoland noch 890 Offiziere, 21 Beamte, 473 Unteroffiziere, 1737 Mannschaften, 42 Marinehelferinnen, 91 Marinehelfer, Zivilbevölkerung 1104 (Deutsche), sowie 162 Ausländer.

Noch vor Eintreffen des englischen Übernahmekommandos, mußten die deutschen Truppen Helgoland geräumt haben. So verließen am Morgen des 11. Mai 45 mehr als 3200 Mann die Insel in Richtung Festland. Nur ein kleines Übergabekommando verblieb und erwartete das Eintreffen des englischen Übernahmekommandos aus Wilhelmshaven.

Am Nachmittag des 11.5. vollzog sich dann der letzte Akt, als gegen 13.00 Uhr mehrere Boote unter britischer Fahne im Hafen eintrafen und der letzte Festungskommandant, Kapt. z.S. Roegglen, die Insel an den englischen Admiral Gould übergab.

Kurz nach seiner Ankunft befahl Gould den Abtransport der noch verbliebenen Zivilisten auf das Festland. Doch so sehr die Helgoländer auch versuchten diesem Schicksal zu entgehen, die Bitte nach Aufhebung oder Verschiebung des Räumungsbefehls wurde von Admiral Gould kategorisch abgelehnt.

Mit Anbruch des 12. Mai begann der Abtransport von Personen u. Gepäck zu den Schiffen. An Gepäck durfte nur mitgenommen werden, was ein jeder zu tragen vermochte. Nach Abzug des Militärs und der Bevölkerung verblieben auf der Insel noch Korv. Kpt. Matthies (stellvertretender Festungskommandant), 1 Offz., 10 Mann und 3 Einwohner.

Am 16.5.45 war die Übergabe Helgolands beendet, um 13.00 Uhr wurde die Funkstelle ausgeschaltet.[102]

78. *Admiral Gould betritt die Insel, erwartet von dem deutschen Übergabekommando unter Kapitän. z. S. Roegglen.*

Die Sprengung

Auf Grundlage des Potsdamer Abkommens, das eine vollständige Entwaffnung und Entmilitarisierung Deutschlands vorsah, wurde unter der Bezeichnung *Operation Big Bang*, auch die Zerstörung der Festungsanlagen Helgolands angeordnet.

Offizieller Beginn der Operation war der 15.8.46, doch hatte bereits im Juli eine Gruppe der Royal Marines mit ersten Abrüstungsarbeiten begonnen, in deren Verlauf u.a. 4300 t Maschinen, Ausrüstung, Lebensmittel, und Bekleidung nach Cuxhaven abtransportiert worden waren. Gleichzeitig wurden 500 t Munition im Auftrag der Royal Airforce auf die Insel gebracht, die bis zum Eintreffen der Abrüstungskommission Sprengversuche am U-Bootbunker durchführte.

Später wurde die Wirkung von Bomben auf den Bunker getestet, wobei es beinahe zu einem schweren Unfall gekommen wäre, denn gerade in dem Moment, als Mitglieder einer Kommission zu einer Besichtigung am 19.7.46 in Helgoland eintrafen, begann die RAF mit Bombenabwürfen. Das Mißverständnis blieb jedoch ohne Folgen und forderte weder Tote noch Verletzte.

Am 15. August 45 nahm dann die Abrüstungskommission ihre Arbeit unter der technischen Leitung von Commander Frank Woosnam auf. Ihm zur Seite stand eine 91 köpfige Arbeitsgruppe, darunter 82 deutsche Techniker und Arbeiter, die gemeinsam auf dem Schiff *Royal Prince* untergebracht wurden. Wie Woosnam später berichtete, entwickelte sich zwischen Deutschen und Engländern ein harmonisches Verhältnis, das bis zum Abschluß der Operation anhielt.

Der Schleifungsplan sah eine restlose Zerstörung des U-Bootbunkers, sowie aller Geschütze, Feuerstellungen, Peilstände, Strominstallationen und verbundenen Bunker vor.

Bis auf die vier Inselhäfen, sie sollten den Fischerbooten als Zufluchtsstätte erhalten bleiben, wurden nur die Uferschutzbauten und die Zivilbunker von den Zerstörungsarbeiten ausgeklammert.

Mit Beginn der Operation mußten zuerst umfangreiche Sicherungsmaßnahmen durchgeführt werden, um die Arbeitsmannschaften nicht zu gefährden. Die ersten größeren Arbeiten beschränkten sich daher auf die Beseitigung von Trümmern und Blindgängern, sowie der Abstützung beschädigter Tunnelwände.

Im Anschluß daran wurde mit dem Wiederaufbau eines Schienennetzes begonnen, um die Sprengstoffe zu den vorgesehenen Positionen transportieren zu können. Zugleich erfolgte die Installation der elektrischen Leitungen, in der Hauptsache Licht-, Strom- und Zündleitungen.

Auf den ursprünglich vorgesehenen Abtransport der noch aus deutschen Beständen eingelagerten Munition (insgesamt 814 t) und deren anschließende Versenkung im Meer, wurde mit dem Hinweis auf Sicherheitsbedenken Abstand genommen. Diese Munition (in der Hauptsache Torpedoköpfe, Granaten, Kartuschen, See- und Landminen, Sprengstoffe, Handgranaten und Gewehrmunition) wurde deshalb zur Sprengung mitverwendet, bzw. wie die Kommission betonte, mitvernichtet.

Nach Abschluß dieser vorbereitenden Maßnahmen erfolgte die Verschiffung von 3183 t Explosivstoffen zur Insel, darunter auch 1200 britische Unterwasserbomben, und deren Einbau in die Festungsanlagen. Somit waren insgsamt 3997 t Sprengstoffe (netto) für den *Big Bang* eingebracht, was einem Bruttogewicht von ca. 6700 - 7000 t entsprach.

Der Installation der Sprengladungen folgte die Verkabelung, wobei die Zünder erst wenige Stunden vor der Sprengung eingepaßt wurden.

Nachdem der ursprüngliche Termin zur Sprengung am 31.3.47 nicht eingehalten werden konnnte (der Transport der Sprengstoffe verzögerte sich immer wieder), wurde als neuer Tag X der 18.4.47 festgelegt, ironischerweise exakt zwei Jahre nach dem großen Bombenangriff auf die Insel.

Während die Helgoländer, ausgebombt und in der Fremde, ohnmächtig auf die nochmalige Zerstörung ihrer Heimat warteten, zeigte das englische Oberkommando doch noch eine gewisse Sensibilität ... gegenüber den Zugvögeln. Zum Schutze der Vögel, deren Ankunft in diesen Zeiraum fiel, wurde ein Warnsystem installiert um sie von der Insel fernzuhalten. Anzumerken bleibt hier, daß sich für die Belange der deportieren Helgoländer zu diesem Zeitpunkt keine englische Dienststelle interessiert zeigte.

Da bisher noch keine Erfahrungen mit derartig großen Sprengungen vorlagen, wurde im Vorfeld auch Kontakt zu 50 seismographischen Stationen in bis zu 1000 km Entfernung aufgenommen, um die Explosion aufzuzeichnen.

Am Morgen jenes schicksalhaften 18.4.47 legten Arbeiter ein letztes Mal Hand an, als sie die Zünder anbrachten.

Zwischenzeitlich fuhren 5 Schiffe zahlreiche Zuschauer vor die Insel, um in sicherem Abstand das Ereignis beobachten zu können. Gegenwärtig waren u.a. der Oberbefehlshaber der britischen Streitkräfte in Deutschland, weitere höhere Offiziere, offizielle Beobachter, sowie Vertreter der britischen und deutschen Presse.

Mit dem dritten Zeitton des 13.00 Uhr Zeit-Signals der BBC wurde dann vom 9 Meilen entfernten britischen Schiff *Lasso* die Sprengung per Fernzündung ausgelöst.

Zu sehen war nur eine sehr kleine Flamme, gefolgt von Rauchwolken die sich zu einer gewaltigen Rauchsäule vereinten.

Die Festung Helgoland hatte aufgehört zu existieren und damit auch ein Teil der Insel selbst.[103]

Im Guiness-Buch der Rekorde wird die Sprengung als die größte nichtatomare Explosion der Menschheitsgeschichte vermerkt und hat damit eine traurige Berühmheit erreicht.

79. *Gestapelte deutsche Munition in einem Stollen der Raumanlage, bereit für die Sprengung*

Anlagen

1. Geschütz- und Geräteausstattung

Oberland

Batterie *v. Schröder*
3 - 30,5 cm SKL/50 in Türmen
1 - 15 cm Leuchtgeschütz
1 - 3,7 cm Flak
1 - 2,0 cm Vierlingsflak
1 - 2 cm Flak
6 Radargeräte
2 Scheinwerfer
5 Horchgeräte
3 große Entfernungsmesser
4 Periskope

Batterie *Nordspitze*
4 - 10,5 cm Flak
Entfernungs- und Höhenmesser

Batterie *Westklippe*
4 - 10,5 cm Flak
Entfernungs- und Höhenmesser

Batterie *Jacobson*
3 - 17 cm SKL/40 in Türmen
1 - 15 cm Leuchtgeschütz
1 - 3,7 cm Flak
1 - 2 cm Flak (Oerlikon)
2 Radargeräte
2 Entfernungsmesser
2 Scheinwerfer
2 Periskope

Batterie *Falm*
4 - 12,8 cm SKL/38 Flak
4 - 10,5 cm SKL/32 Flak
Entfernungs- und Höhenmesser

Unterland

Nordostgelände
2 - 7,5 cm Feldhaubitzen (verm. 7,62 LAG´s, Anmerkung der Autoren)
1 - 3,7 cm Flak
1 - 2,0 cm Pak
2 Sperrballons

Unterland und Hafen
4 - 10,5 cm SKL/32 Flak
1 - 3,7 cm Flak
1 - 2,0 cm Vierlingsflak
3 - 2,0 cm Zwillingsflak
2 - 2,0 cm Flak
2 - 1,5 cm Flak
1 Scheinwerfer
2 Horchgeräte
1 Höhen- und Entfernungsmesser

U-Bootbunker
2 - 3,7 cm Flak
1 - 3,7 cm Flak
1 Scheinwerfer (200 cm)
2 Horchgeräte
1 Höhen- und Entfernungsmesser

Molen
1 - 3,7 cm Flak
2 - 2,0 cm Flak

In der Aufstellung nicht berücksichtigt ist die Ausstattung der Düne; hier läßt sich nur der Stand bis zum 6.5.45 rekonstruieren:

4 - 12,8 cm Flak- und Sperrbatterie *Düne*
4 - 10,5 cm SKC/32 Flak-Batterie *Wittekliff* (abgebaut am 13.1 45)
4 - 7,5 cm Sperrbatterie *Düne*
4 - 7,5 cm Pak-Batterie *Aade*
3 - 3,7 cm Flak
1 - 2 cm Vierlingsflak
3 - 2 cm Flak
2 Scheinwerfer (150 cm)
Horchgeräte, Entfernungs- u. Höhenmesser

2. Kommandanten im Abschnitt Helgoland

Kapt.z.S. v. Schrader	ab 1936
Ktr.Adm. Rümann, Wilhelm	09.39 – 02.41
Freg.Kap.Kessler, Horst (i.V.)	01.40 – 02.40
Kapt.z.S. Oehler (i.V.)	03.40 – 04.40
Kapt.z.S. Steinbach, Julius (i.V.)	04.40 – 05.40
Korv.Kapt. Eggemann	02.41 – 02.44
Kapt.z.S. Lohmann, Ludwig	02.44 – 12.44
Kapt.z.S. Roegglen	12.44 – 05.45

3. Im Abschnitt Helgoland kommandierte Offizierie

Dienstgrad	Name, Vorname	Dienststellung
Kommandant im Abschnitt Helgoland:		
Ob.Ltn (MA) d.Res.	Bülow, Hermann	Adjudant
Korv..Kpt. (V) d.Res.	Krein, Friedrich	Abschnittsverwaltungsoffizier
Ltn. (V) d.Res.	Sämann, Karl	II. Verw. Offizier
Mar.Ob.Stabsarzt d.Res.	Dr. Heiner, Heinz	Standortarzt
Kpt.Ltn. (MA) d.Res.	Brandt, Ehrhard	Ls. und Gs.-Offizier
Funkmeßzug:		
Ob.Ltn. (MA) d.Res.	Niemann, Albert	Funkmeßzugführer
M.N.O.:		
Ob.Ltn. (Kr.O.) (MN)	Döring, Arno	Marinenachrichtenoffizier
Ltn. (MN)	Ciczinski, Gerhard	II. M.N.O.
Hüst:		
Korv.Kpt.d.Res.	Kiesewetter, Hans	Leiter der Hafenüberwachungsstelle
M.A.A. 122:		
Freg.Kpt.	Krämer	Kommandeur
Ltn. (MA) d.Res.	Zimmermann, Erich	Adjudant
Ob.Ltn. (MA) d.Res.	Wittenzellner, Karl	Battr. Chef 1./ v. Schröder
Ob.Ltn. (MA) d.Res.	Wulle, Theodor	Battr. Chef 2./ Jacobson u. Gerichts-Offz. im Abschnitt
Ltn. (MA) d.Res.	Dohrn, Fritz	Battr. Chef 3, O.S.B. u. Ko.-Fü. Ins. Komp.
Ob.Ltn. (MA) d.Res.	Segelhorst, Friedrich	Battr. Chef 5./ Düne
Ltn. (MA) d.Res.	Prein, Franz-Josef	Battr. Offizier
Ltn. (MA) d.Res.	Lohmann, Willi	Battr. Offizier u. Abw. Offizier im Abschnitt
Ltn. (MA) d.Res.	Woischnik, Willi	
M.Flak.A. 242:		
Freg.Kpt.	Schneider, Erwin	Kommandeur
Hauptmann d.Res.z.V.	Hoffmann, Erich	Kpt.Ltn. beim Stabe u. Battr. Chef 1.
Ob.Ltn. (MA) d.Res.	Pfulb, Karl	Adjudant
Ob.Ltn. (MA) d.Res.	Müller, Hans-Ludwig	1. Wachoffizier
Ltn. (MA) d.Res.	Benesch, Franz	2. Wachoffizier
Mar. Stabsarzt d.Res.	Dr. Bittersohl, Hans	2. Arzt
Mar. Stabsarzt d.Res.	Dr. Kropatschek, Hans	3. Arzt
Ob.Ltn. (MA) d.Res.	Bernards, Theo	Battr. Chef 2.
Ob.Ltn. (MA) d.Res.	Günther, Gerhard	Battr. Chef 3.
Ob.Ltn. (MA) d.Res.	Pelz, Werner	Battr. Chef 4.
Ob.Ltn. (MA) d.Res.	Brauer, Richard	Battr. Chef 5.
Ltn. (MA) d.Res.	Lindner, Johannes	Battr. Chef 6.
Ob.Ltn. (MA) Kr.O.)	Neumann, Hans	Battr. Chef 8. u. Sportoff. i.Abschn.
Ltn. (MA) d.Res.	Bergmann, Adolf	Battr. Offizier
Ltn. (MA) d.Res.	Funk, Reinhardt	Battr. Offizier
Luftwaffe:		
Hauptmann	Susemihl	Abtlg. Kdeur
Oblt.	Hotlitz	
Major	Ladstatter	Flugplatz Düne
Betriebsdienststelle:		
Baurat	Frank	Leiter, gleichzeitig O.T.
Baurat	Streithoff	Energie Ing.
Pionier-Gruppe:		
Ob.Stabsing.	Schneider	
Intendantur-Dienststelle:		
Ob.Stabsintendant	Schmidt	Leiter
Stabsintendant	Troch	Verpflegung
Stabsintendant	Lassen	Unterkunft
Kriegsgericht:		
Stabsrichter	Millowitsch	
Just.Inspektor	Meyer	

Abkürzungen

Adm	Admiral
Art	Artillerie
BAKO	Bundesarchiv Koblenz
BAMA	Bundesarchiv-Militärarchiv Freiburg
Battr	Batterie
Bet. Brustw.	Betonbrustwehr
Dete	Dezimeterwellentelefonie
Dreiwag	Dreiwalzenkommandogerät
EM	Entfernungsmesser
E-Werk	Elektrizitätswerk
Fla	Flugabwehr
Flagruko	Flakgruppenkommando
Flak	Flugabwehrkanone
FlaMW	Flugabwehrmaschinenwaffen
Fluko	Flugwachkommando
Flum	Flugmeldegerät
Flumb	Funkmeßbeobachtung
Freg.Kap.	Fregattenkapitän
FuMG	Funkmeßgerät
FuMO	Funkmeßortung
gKdos	geheime Kommandosache
HJ	Hitlerjugend
Inf.	Infanterie
IWM	Imperial War Museum London
Jabo	Jagdbomber
Kap.	Kapitän
Kapt.z.S.	Kapitän zur See
Korv.Kapt.	Korvettenkapitän
KTB	Kriegstagebuch
Ktr.Adm.	Konteradmiral
K-Verband	Kleinkampfmittel-Verband
LAG	Landeabwehrgeschütz
L.B.	Langbasis (Entfernungsmesser)
L.B.B.	Langbasisbeobachtung
LG / L.G.	Leuchtgeschütz
L.Fl.	Leichte Flak
LN-Einheit	Luftnachrichteneinheit
L.St.	Leitstand
Ltn.	Leutnant
MAA	Marineartillerieabteilung
MaflA	Marineflakabteilung
MAN	Maschinenwerke Augsburg-Nürnberg
M-Boot	Minensuchboot
M.F.St.	Marinefunkstelle
MG / M.G.	Maschinengewehr
M.G.R.Std.	Maschinengewehr in Ringstand
MK	Maschinenkanonen
M.N.O	Marinenachrichtenoffizier
MOK	Marineoberkommando
Mun.	Munition
M.W.	Maschinenwaffen
N.J.G.	Nachtjagdgeschwader
ObdM	Oberbefehlshaber der Marine
OKM	Oberkommando der Marine
OKW	Oberkommando der Wehrmacht
OT	Organisation Todt
OZ	Oberlandzentrale
Pak	Panzerabwehrkanone
PRO	Public Record Office London
PZ	Panzerzentrale
RAF	Royal Air Force
R-Boot	Minenräumboot
RM	Reichsmark
R.W.	Raketenwerfer
Schw.	Scheinwerfer
S-Boot	Schnellboot
S-Flottille	Schnellbootflottille
S.K.	Schnelladekanone
SKL	Seekriegsleitung
Tbts.	Torpedoboots-
T-Flottille	Torpedobootflottille
U-	Untersee-
UBB	Unterseebootsbunker
Ubts.	Unterseeboots-
UZ	Unterlandzentrale
WSA	Wasser- und Schiffahrtsamt Tönning, Außenbezirk Helgoland

Anmerkungen

[1] Fröhle, Claude; Kühn, Hans - Jürgen: Hochseefestung Helgoland 1891 - 1922, Teil I, Herbolzheim 1998
[2] BAMA: RM 20 v. 2041
[3] BAMA: RM 45/II/115
[4] BAMA: WF - 04/36117
[5] Rolf, Rudi: Het Duitse Fortificatie-ontwerp 1935-1945, AMA-Verlag, Beetsterzwaag, 1985, S. 73
[6] Der Nürnberger Prozeß, Reichenbach Verlag,1994
[7] BAMA: RM 45/II/115
[8] BAMA: WF - 04/33143
[9] BAMA: RM 45/II/116
[10] BAMA: TS 408/40581
[11] BAMA: M 165/33989
[12] BAMA: RM 45/II/451 K
[13] BAMA: RM 45/II/124
[14] Rolf, Rudi: Der Atlantikwall, AMA-Verlag, Beetsterzwaag, 1983, S. 30
Jürgens, Hans-Jürgen: Beitrag im Wangerooger Inselboten, Heft 8, Wangerooge, 1988
[15] Klings, Michael: Schriftl. Mitteilung an die Verfasser v. 12.2.1998
[16] Chazette, Alain: 1940-1944, Les Batteries Allemandes de Dunkerque au Crotoy, Editions Heimdal, 1990, S. 90
[17] Klings, Michael: Schriftl. Mitteilungen an die Verfasser v. 12.2.1998
[18] Unterlagen über die MAA 122 sind im BAMA nicht vorhanden
[19] Jürgens, Hans-Jürgen: Zeugnisse aus unheilvoller Zeit, Verlag C. L. Mettcker & Söhne, Jever, 3. Aufl., 1991, S. 395
[20] Jürgens: op. cit. S. 411 u. 433
[21] BAMA: RM 45/125
[22] BAMA: RM 45/II/451 K
[23] Schriftl. Mitteilung von F. Teichmann
[24] BAMA: RM 45/II/440 K
[25] Chazette, Alain: S. 76
[26] Schriftl. Mitteilung an die Verfasser von F. Teichmann v. 10.01.98
[27] BAMA: RM 45/II/445 K
[28] PRO: ADM 228/48
[29] BAMA: RM 45/II/467 K
[30] BAMA: RM 45/II/115
[31] IWM: 83/24/1
[32] BAMA: RM 45/II/445 K
Plan des WSA Helgoland
[33] BAMA: RM 45/II/445 K
[34] Klings, Michael: Schriftl. Mitteilung an die Verfasser v. 12.2.1998
[35] Rickmers Henry P.; Woosnam, Frank: Helgoland - eine Insel auf dem Wege nach Europa, Niederelbe-Verlag H. Huster, Otterndorf/Helgoland, 1992, S. 77
[36] Rickmers: ebd. S. 78
[37] BAMA: RM 7 v. 851
[38] Gemeinde Helgoland, Gemeindebauamt
[39] BAMA: TS 408/40582
[40] PRO: ADM 228/48
BAMA: TS 410/40581, 40583
[41] BAMA: RM 45/II/443 K, 467 K
[42] Thiemann, Jürgen: Die Küste, Kuratorium für Forschung im Küsteningenieurwesen, Heft 49, 1990, S. 141-185
Firmengeschichte DYWIDAG
BAMA: TS 410/40581-40583
[43] Neitzel, Sönke: Die deutschen Ubootbunker und Bunkerwerften, Bernard & Graefe Verlag, Koblenz, 1991, S. 19
[44] BAMA: RM 7 v. 851
[45] BAMA: TS 410/40581
[46] BAMA: TS 410/40582
[47] Archiv der Autoren
[48] BAMA: WF - 04/33143
[49] BAMA: RM 45/II/124
[50] Hogg, I.V.: German Secret Weapons of World War 2, Arco Publishing Company, Inc., New York, 1970
[51] Rolf, R.: Het Duitse Fortificatie-ontwerp 1935-1945, S. 89
[52] ebd., S. 97
[53] IWM: 83/24/l
[54] Emmrich, Friedrich: Persönliche Mitteilung September 1997 an die Autoren
[55] Rickmers, Henry P.; Woosnam, Frank: S. 74
Hier irrt Rickmers.

[56] BAMA: TS 410/40583
[57] Emmrich: ebd.
[58] WSA Helgoland, Planarchiv
[59] Neitzel: S. 40
[60] Emmrich: ebd.
[61] BAMA: W-04/4361
[62] BAMA: TS 410/40583, 40584
[63] Mattes, Klaus: Die Seehunde; letzte deutsche Initiative im Seekrieg 1939 - 1945, Verlag E.S. Mittler & Sohn, Hamburg, 1995, S. 148 ff
[64] Gröner, Erich: Die deutschen Kriegsschiffe 1815-1945, Band 8/2, Bernard & Graefe Verlag, o.J.
[65] PRO: ADM 228/48
[66] BAMA: RM 45/II/134
[67] BAMA: RM 45/II/134
[68] BAMA: RM 45/II/124
[69] Krebs, Benno: Bd. II, Inselfriesen in der Haseldorfer Marsch, Helgoland, 1988, S. 365.
[70] BAMA: RM 45/II/124
[71] Holthusen, J. R: In Jet & Prop 4/99.Zweibrücken
[72] Neitzel: S. 187
[73] Klings, Michael: Schriftl. Mitteilung an die Verfasser v. 12.2.1998
[74] BAMA: RM 45/II/115
[75] Klings, Michael: Schriftl. Mitteilung an die Verfasser v. 12.2.1998
[76] BAMA: TS 410/40583
[77] BAMA: TS 410/40584
[78] BAMA: RM 45/II/124
[79] BAMA: RM 45/II/443 K
[80] Marshall, L. Francis: Messerschmitt BF 109 T, die Jäger der Graf Zeppelin (Erscheinungszeitraum Frühjahr 2002)
[81] Voigt, Harald: Die Festung Sylt, S. 250
Nach mündl. Auskunft v. 13.1.98 von Oberst a.D. Wolfgang Falck hat es diese Stellung auf Helgoland nicht gegeben. Oberst Falck war im Zweiten Weltkrieg Kommodore des N.J.G. 1 und Stellvertreter von General Kammhuber.
[82] BAMA: RM 45/II/461
[83] BAMA: WF - 04/35373
[84] Mündl. Mitteilungen des ehemaligen Marinehelfers F. Teichmann
[85] Die Standorte von *Helgoland 1* und *Helgoland 2* konnten bisher noch nicht ermittelt werden.
[86] BAMA: TS 191/14450
[87] Kropatscheck, Walter: Nächte und Tage auf Helgoland, Verlag und Buchhandlung Maren Knauß, Helgoland, 3. Auflage, 1989
[88] BAMA: RM 45/II/125
[89] BAMA: TS 410/40582
[90] BAMA: RM 7 v. 227
[91] Das besondere Schicksal der Insel Helgoland, S.4, Bundesminister für Vertriebene, Flüchtlinge und Kriegsgeschädigte, Bonn, 1968.
[92] Rickmers: et alt.
[93] BAMA: RM 7 v. 851
[94] BAMA: RM 45/II/124
[95] Schramm, Percy E.: Kriegstagebuch des Oberkommandos der Wehrmacht, 1944-1945, Teil II, Bernard & Graefe Verlag, Bonn, o. J.
[96] BAMA: RM 45/II/124
[97] BAMA: RM 45/II/124
[98] BAMA: RM 7 v. 851
[99] BAMA: RM 45/II/124
[100] BAMA: RM 7 v. 851
[101] BAMA: RM 7 v. 851
[102] Krebs, Bd. II, Anhänge
[103] IWM: 83/24/1
PRO: ADM 228/48

Quellennachweis

Bundesarchiv-Militärarchiv Freiburg i.Br. (BAMA)
Bundesarchiv Koblenz (BAKO)
Public Record Office Richmond (PRO)
Imperial War Museum London (IWM)
Wasser- und Schiffahrtsamt Helgoland (WSA)
Gemeindearchiv Helgoland, Bauamt
Firmenarchiv Dyckerhoff & Widmann
Bibliothek für Zeitgeschichte, Stuttgart

Literatur

Chazette, Alain:
1940-1944, Les Batteries Allemandes de Dunkerque au Crotoy.
Editions Heimdal, 1990.

Förster, Otto-Wilhelm:
Das Befestigungswesen.
Neckargemünd, 1960.

Friedrichs, Kurt:
Umkämpftes Helgoland.
Verlag Maren Knauß, Helgoland, 1988.

Fröhle, Claude; Kühn, Hans-Jürgen:
Hochseefestung Helgoland, Teil I, 1891 – 1922.
Fröhle – Kühn Verlagsgesellschaft d.b.R, Herbolzheim, 1998.

Gröner, Erich:
Die deutschen Kriegsschiffe 1815 – 1945, Band 8/2.
Bernard & Graefe Verlag, o.J.

Hogg, I. V.:
German secret weapons of World War II.
Arco Publishing Company, Inc., New York, 1970.

Jäger, Herbert:
Helgoland - Deutschlands Vorposten und seine erste Zerstörung.
In: Fortifikation, Sonderausgabe 5, S. 37-69.
Studienkreis INTERFEST e.V., Saarbrücken, 1997.

Jürgens, Hans-Jürgen:
Zeugnisse aus unheilvoller Zeit.
Verlag C. L. Mettcker & Söhne, Jever, 3. Auflage, 1991.

Krebs, Benno:
Helgoland Bd.I Aus der Zeit von 1933 – Mai 1945.
Selbstverlag, Helgoland, 1985.

Krebs, Benno:
Helgoland Bd.II Inselfriesen in der Haseldorfer Marsch Mai 1945 – Juni 1948.
Selbstverlag, Helgoland, 1988.

Kropatscheck, Walter:
Nächte und Tage auf Helgoland.
Verlag und Buchhandlung Maren Knauß, Helgoland, 3. Auflage, 1989.

Lindemann, Hubert:
Bau und Instandsetzung kommunaler Hafen- und Uferanlagen der Insel Helgoland seit 1952.
In: Die Küste - Heft 49, Kuratorium für Forschung im Küsteningenieurwesen, 1990.

Lohmann, Walter; Hildebrand Hans H.:
Die deutsche Kriegsmarine 1939-1945, Gliederung – Einsatz – Stellenbesetzung.
Bad Nauheim, 1956 – 1964.

Mattes, Klaus:
Die Seehunde: Klein-U-Boote; letzte deutsche Initiative im Seekrieg 1939 – 1945.
Verlag E.S. Mittler & Sohn GmbH, Hamburg, Berlin, Bonn, 1995.

Neitzel, Sönke: Die deutschen Ubootbunker und Bunkerwerften.
Bernard & Graefe Verlag, Koblenz, 1991.

Nöckel, Helmuth:
Feuer über Helgoland.
Verlag und Druckerei J. G. Jebens Nachf., Husum-Rosendahl, 1972.

Rickmers, H. P.; Huster, H.:
Helgoland – 100 Jahre deutsch. Festschrift im Auftrage der Gemeinde Helgoland.
Niederelbe-Verlag H. Huster, Otterndorf/Helgoland, 1990.

Rickmers, Henry P.; Woosnam, Frank; unter Mitarbeit von Griese, Beate:
Helgoland - eine Insel auf dem Wege nach Europa.
Niederelbe-Verlag H. Huster, Otterndorf/Helgoland, 1992.

Rolf, Rudi:
Der Atlantikwall, Perlenschnur aus Stahlbeton.
AMA-Verlag, Beetsterzwaag, 1983.

Rolf, Rudi:
Het Duitse Fotificatie-ontwerp 1935-1945.
AMA-Verlag, Beetsterzwaag, 1985.

Schramm, Percy E.:
Kriegstagebuch des Oberkommandos der Wehrmacht, 1944-1945, Teil II.
Reichenbachverlag, 1994.

Textabbildungen

Titelbild oben: BAKO: MW 5448/40
Titelbild unten: IWM: BU 6075
1. C. Fröhle, H.J. Kühn
2. BAMA: RM 45/II/467 K
3. BAMA: RH 32 v. 2093
4. Wasser- und Schiffartsdirektion Nord, Kiel
5. BAKO: MW 5541/24
6. BAKO: MW 5542/2
7. C. Fröhle, H.J. Kühn
8. BAMA: RM 45/II/447 K
9. BAKO: MW 5542/5
10. BAKO: MW 5541/11
11. BAKO: MW 5445/11
12. BAMA: RM 45/II/451K
13. BAMA: RH 32 v. 2093
14. Reimer E.
15. aus Helgoländer Privatbesitz
16. Reimer E.
17. BAKO: MW 5446/3A
18. BAKO: MW 55447/22A
19. BAMA: RM 45/II/467 K
20. BAMA: RM 45/II/467 K
21. C. Fröhle, H.J. Kühn
22. Gerhard Frase
23. Privatbesitz
24. Privatbesitz
25. C. Fröhle, H.J. Kühn
26. Reimer E.
27. Reimer E.
28. Gerhard Frase
29. BAKO: 95/41/6A
30. C. Fröhle, H.J. Kühn
31. BAMA: TS 410/40583
32. Archiv der Autoren
33. Archiv der Autoren
34. BAMA: TS 410/40583
35. BAMA: TS 410/40583
36. BAMA: TS 410/40583
37. BAMA: TS 410/40583
38. WSA Töning, Außenbez. Helgoland
39. C. Fröhle, H.J. Kühn
40. Archiv der Autoren
41. Privatbesitz
42. Archiv der Autoren
43. BAMA: TS 410/40583
44. Firmenarchiv Dyckerhoff & Widmann, München
45. BAMA: TS 410/40583
46. BAMA: TS 410/40582
47. Archiv der Autoren
48. Firmenarchiv Dyckerhoff & Widmann, München
49. C. Fröhle, H.J. Kühn
50. C. Fröhle, H.J. Kühn
51. Caroline Kühn
52. Bibliothek für Zeitgeschichte
53. Bibliothek für Zeitgeschichte
54. C. Fröhle
55. Bibliothek für Zeitgeschichte
56. BAMA: TS 408/40581
57. BAMA: TS 408/40582
58. BAMA: RM 45/II/443 K
59. BAKO: 95/41/2A
60. BAMA: TS 408/40582
61. BAMA: RM 45/II/439 K
62. BAMA: TS 410/40583
63. Erich Ulmschneider
64. Francis L. Marshall
65. Annaliese Hondt, Günter Wiesinger
66. Reimer E.
67. Aus Helgoländer Privatbesitz
68. Reimer E.
69. Reimer E.
70. BAKO: MW 5444/17A
71. BAKO: MW 5444/26A
72. IWM: CL. 2437
73. Reimer E.
74. Reimer E.
75. WSA Töning, Außenbez. Helgoland
76. Reimer E.
77. Reimer E.
78. IWM: A 28579/0
79. PRO: ADM 228/48 Part 2

.

Abb. Einbandrückseite: BAMA: RM 45/II/440 K

Danksagung

Auch während unseres Quellenstudiums zu dieser Publikation durfen wir wiederum durch Archive, Behörden, Zeitzeugen und Freunde oft vielfältige Unterstützung erfahren, ohne die unsere Recherchen wesentlich zeitaufwendiger gewesen, wertvolle Aktenbestände unentdeckt geblieben wären.

Bei der Erschließung der im Bundesarchiv-Militärarchiv Freiburg lagernden Archivbeständen wurden wir von Herrn Döringhoff und Herrn Friedmann besonders intensiv unterstützt. Ihnen sind wir zu großem Dank verpflichtet. Mit ihren Hinweisen, Ratschlägen und auch ihrer Geduld, trugen sie wesentlich zur Entstehung dieses Buches bei.

Ein besonderer Dank hier auch an Frau Waibel und Frau Notzke, für die stets freundliche Hilfestellung und Betreuung im Benutzersaal.

Wertvolle Aktenbestände fanden sich auch in folgenden Archiven, denen wir auch für die freundliche Unterstützung danken:

Bundesarchiv Koblenz, Imperial War Museum London, Public Record Office Kew Richmond, Bibliothek für Zeitgeschichte Stuttgart, sowie dem Firmenarchiv Dyckerhoff & Widmann.

Stellvertretend für die Wasser- und Schiffahrtsdirektion Nord bedanken wir uns bei Herrn Hollmer und Herrn Dipl. Ing. Thiemann für ihre Nachforschungen und die zuteil gewordene Hilfe.

Ein ganz besonderer Dank geht an viele Helgoländer Bürger, die uns als Außenstehende Akzeptanz entgegengebracht und unvoreingenommene Hilfestellung geleistet haben. Besonders danken wir hier dem Leiter des Wasser- und Schiffahrtsamtes Tönning/Außenstelle Helgoland Herrn Dipl. Ing. H. H. Stühmer, dem Baudezernenten des Gemeindebauamtes Herrn Hagmeier, Michael Klings, Walter Knauß und vielen anderen, die nicht genannt werden wollten.

Unser Dank gilt im Weiteren all den Personen, Freunden und besonders Zeitzeugen, die als ehemalige Marinehelfer auf der Insel Dienst taten und die uns durch ihren persönlichen Beitrag, durch Überlassung persönlicher Erinnerungsstücke, Fotos und Berichte in vielfältiger Weise geholfen haben. Insbesonders waren dies:

General a.D. Wolfgang Altenburg, der uns als ehemaliger Marinehelfer auf der Insel mit Auskünften und Anregungen zur Seite stand und stets ein interessierter und hilfsbereiter Ansprechpartner war. Er verschaffte uns viele Kontakte zu ehemaligen Kameraden;
Dr. Ing. Peter Aichner, für die Beratung über die Funkmeßanlagen;
Friedrich Emmrich, der uns als ehemaliger Bauleiter des U-Bootbunkers bautechnisch beraten hat;
sowie Commander Frank Woosnam, Dr. Sönke Neitzel, Jürgen Jürgens, Fritz Teichmann, Gerhard Frase, Reimer E., Dr. Jochen Elter, Dipl. Ing. Bernhard Jahn, Erich Ulmschneider, Annaliese Hondt Günter Wiesinger und viele andere.

Francis L. Marshall, der uns den Hinweis auf die Jasta Helgoland gab und uns sein Manuskript zur Verfügung stellte. Sein Buch Messerschmitt BF 109 T, die Jäger der Graf Zeppelin soll im Frühjahr 2002 erscheinen. Wir wünschen ihm viel Erfolg.

Bei der Erstellung des Layout und des Umbruchs unterwies uns engagiert Alain Lefebvre, Merci Alain!

Nicht zuletzt danken wir immer wieder unseren Frauen; Renate, für ihr unermüdliches Korrekturlesen und Heike für ihr Verständnis und ihre Geduld.

Zu den Autoren

Claude Fröhle, Jahrgang 1965

befaßt sich seit Jahren mit Wehrbefestigungen. Durch seine Heimat Istein im Markgräflerland hatte er schon seit frühester Jugend Kontakt mit frühgeschichtlichen Ausgrabungen und Boden-funden. Später hat er sich ganz der "Bunker-archäologie" und der Festung Istein verschrieben.

Bekannt wurde er durch Exkursionen im Bereich der ehemaligen Festung Istein und durch mehrere Veröffentlichungen zusammen mit Dr. Hans-Jürgen Kühn.

Dr. Hans-Jürgen Kühn, Jahrgang 1945

interessiert sich seit seiner Schulzeit für Archäologie, sowie der Entwicklung des Befestigungswesens von der Römer- bis in die Neuzeit.

Bekannt wurde er durch mehrere Veröffentlichungen auf diesem Gebiet, Vorträge im In- und Ausland und hat sich zusammen mit seinem Freund und Koautor Claude Fröhle einen in Fachkreisen hervorragenden Ruf erworben.

Er ist Mitglied der "Deutschen Gesellschaft für Festungsforschung".

Im gleichen Verlag erschienen

Hochseefestung Helgoland 1891 - 1922

80 Seiten, DIN A4

55 Fotos, Risse und Pläne

Preis 13,- Euro, zzgl. Porto u. Verpackung

ISBN 3-9805415-1-7

Rezension in: **Deutsches Atlantikwall-Archiv, Nachrichten Heft Nr. 32/1998**

"Das Buch des Jahres 1998 hat – wieder einmal – das Autorengespann Fröhle/Kühn herausgebracht. Die Anfänge Helgolands als Hochseefestung werden hier detailliert beschrieben. Der nur allgemein interessierte Leser wird schonend an die technischen Details der Festungsanlagen heran-geführt, der rein Festungsinteressierte verschlingt es mit Spannung. Faszinierend sind Auswahl und Druckqualität der ausgewählten Risse, Lagepläne und (Luft)Aufnahmen, die einen Großteil des Buches ausmachen. Das Preis-/Leistungsverhältnis bei diesem Werk könnte so manchem Verlag einmal zum Vorbild dienen.
Auf den Geschmack gekommene Leser des Buches können sich freuen:
In 1999 soll der zweite Band (er behandelt den Zeitraum 1933-1945) erscheinen.
Wer danach immer noch nicht genug hat, und das dürfte bei der hohen Qualität der Publikationen dieses Autorenteams der Fall sein, der kann sich in einem oder zwei Jahren als 'vollständige' (da fragt man sich, was die Autoren – angesichts der exzellent ausgewerteten Pläne – noch alles an Archivmaterialien aufgetan haben...) Abhandlung ein grösseres (und wohl auch teureres) Werk über Helgoland zulegen, das dann allumfassend sein dürfte (wohl á la "...Isteiner Klotz..." beider Autoren).
Eine Zusammenfassung oder Inhaltsangabe ist überflüssig. Wer sich nur geringfügig mit der Thematik beschäftigt, sollte sich nicht nur das Buch zulegen, sondern gleich für die beiden anderen avisierten Werke vormerken lassen!"

Die Befestigung des Isteiner Klotzen 1933 - 1945

Rezension in: **Deutsches Atlantikwall-Archiv, Nachrichten Heft Nr. 29/97**

„Für mich das Buch das Jahres 1996! Endlich einmal eine vollständige Entstehungsgeschichte eines Festungswerkes mit "Lebenslauf" bis zu seiner teilweisen Zerstörung.

Eine Fülle von Fakten, Anweisungen und Verfügungen prasseln zunächst auf den Leser herab. Unglaublich, welche Archivarbeit die Autoren hier geleistet haben. In den weiteren Kapiteln sieht sich der Leser ganz gefangen von der Baubeschreibung und ins Buch vertieft, auf einmal inmitten der Festung. Das Verständnis wird erleichtert durch großformatige Pläne und Skizzen sowie durch zeitgenössische Fotos intensiviert. Jeweils ein Anhang zu jedem der beiden Hauptteile verrät wissenswerte technische Details der Anlagen. Der zweite Teil des Buches befaßt sich mit den taktischen und baulichen Zusammenhängen der Festung Istein und ihrer Integration in den umgebenden Westwall. Auch weiterführende Planungen werden nicht außer Acht gelassen. Würde man jedes einzelne Kapitel diese Werkes beprechen wollen - man würde mehrere Seiten für die Besprechung benötigen!

Daher will ich nicht zuviel verraten - das Buch muß man einfach besitzen."

161 Seiten DIN A4
167 Fotos, Risse und Pläne
ISBN 9783-9805415-7-2

Abb. Einbandrückseite: Geplante Stellung für vier 12,8 cm Flugabwehrgeschütze der Nordspitzen-Batterie

S.M. UC 71

Das vergessene U-Boot vor Helgoland

Unweit der Hafeneinfahrt Helgolands liegt das Wrack von SM UC 71, das im Jahr1919 auf seiner Auslieferungsfahrt nach England unter nie ganz geklärten Umständen unterging, nachdem seine Besatzung zuvor das sinkende Boot verlassen hatte. Es handelt sich um eines der letzten U-Bootwracks der kaiserlichen Marine, und dem vielleicht besterhaltensten deutschen Boot aus der Zeit des 1. Weltkrieges.
Ursprünglich als Minenleger gebaut, hatte UC 71 auch beachtliche Erfolge an der Versenkung gegnerischer Frachtschiffe, obwohl es nur 18 Monate im Fronteinsatz stand.
Unter fünf Kommandanten, von denen einer den höchsten Orden "Pour le mérite" erhielt, war es eines der erfolgreichsten U-Boote der Kaiserlichen Marine. In die Marinegeschichte der Ersten Weltkrieges ging es unter seinem Kommandanten Reinhold Saltzwedel als das Boot ein, welches sich das berühmt gewordene Gefecht mit der englischen U-Bootfalle "Dunraven" lieferte und diese nach mehrstündigem Kampf schließlich versenkte.
Dieses Buch schildert die abenteuerliche Geschichte von UC 71 von Baubeginn bis zu seinem Untergang und dokumentiert auch den heutigen Zustand des Wracks. Außerdem geht es der Frage nach, ob sich UC 71 möglicherweise selbstversenkt hat und weshalb es trotz mehrerer Vorhaben nicht abgewrackt wurde und dadurch erhalten blieb.

109 Seiten DIN A Quer
123 Fotos, Risse und Pläne
ISBN 3-9805415-6-8